LAMENTATION

DE LA FRANCE

SUR LA MORT

DU DUC DE BERRI,

TIRÉE DU CANTIQUE DU ROI ÉZÉCHIAS, *EGO DIXI.*

PAR M. L'ABBÉ MANFRIN,

DIRECTEUR DU GRAND SÉMINAIRE DE PARIS AVANT LA RÉVOLUTION.

Sicut leo sic contrivit omnia ossa mea.
Isaïe, ch. XXXVIII.

A PARIS,

CHEZ LES MARCHANDS DE NOUVEAUTÉS.

1821.

Le même Auteur publiera incessamment :

La Divinité de Jésus-Christ, prouvée par elle-même, en douze chapitres. I. Par la position *télégraphique* de ceux qui l'ont annoncée au monde. II. Par la perfection du tableau qu'en ont tracé à l'aveugle tant de mains différentes. III. Par l'accord de tous les oracles qui se sont vérifiés en lui. IV. Par le premier témoignage que le ciel lui a rendu sur le Jourdain. V. Par le second témoignage que le ciel lui a rendu au Thabor. VI. Par le troisième témoignage que le ciel lui a rendu en Jérusalem. VII. Par le premier témoignage que Jésus-Christ s'est rendu à dessein dans les prodiges opérés sur les autres. VIII. Par le second témoignage qu'il s'est rendu dans les miracles opérés sur soi-même. IX. Par le troisième témoignage qu'il s'est rendu dans le seul fait de sa résurrection. X. Par le témoignage que lui ont rendu les anges. XI. Par le témoignage que lui ont rendu les hommes. XII. Par le témoignage que lui ont rendu les démons même.

PRÉFACE.

LE 13 février 1820, tout Paris put lire, dans un journal des plus accrédités, ces paroles prophétiques de M. de Bonald : « Au sein de la paix, il nous faut des gar- » nisons dans des villes qui n'ont pas même » des portes. Nos plaisirs comme nos désor- » dres sont pour votre police un sujet d'in- » quiétude et de surveillance, et il faut » garder l'Opéra comme la Conciergerie ». La nuit suivante l'Opéra ne fut pas gardé, et le plus valeureux de nos princes périt en trahison. (*Journal des Débats*).

« Lorsqu'on fit l'ouverture de son corps, » on reconnut que le cœur même avoit » été blessé. Le prince auroit dû mourir » sous le coup; de sorte qu'on peut dire » que Dieu le fit vivre, pendant quelques » heures, par un miracle, afin de nous le » faire connoître, et de donner au monde » une des plus belles leçons qu'il ait jamais » reçue ».(*Mém. de M. de Châteaubriand*).

Quelle leçon, en effet, pour notre siècle incrédule, de voir ce jeune Prince, tombant si résigné sous le fer assassin, et aussitôt réclamant les secours de la religion avant ceux de l'art, qui auroient pu lui prolonger la vie! Est-il rien de plus beau que de l'entendre confesser publiquement tous ses péchés, dont il venoit d'être absous? et de le voir frapper sa poitrine, comme un grand coupable? Quel spectacle plus édifiant pour un chrétien que l'aspect de ce guerrier magnanime, prêt à s'endormir en la paix du Seigneur, n'implorant sa miséricorde qu'après l'avoir sollicitée pour son assassin, avec quel zèle et quelle persévérance! demandant le saint viatique avec la plus tendre piété, et suppléant à cette dure privation par le plus ardent désir; ne s'en consolant enfin que par le religieux signe de croix qu'il fit alors sur soi-même!

Ne crut-on pas alors voir en lui un de ces pieux cénobites qui, n'ayant jamais vécu que pour bien mourir, recueilloit son ame en Dieu, avant de la lui rendre, recevant les sacremens avec une foi à ravir, et répondant en écho du ciel aux prières de l'Église?

Nous pouvons donc avec confiance répéter du Duc de Berri ce que Dieu lui-même a dit du pieux roi Ezéchias : « Le Sei-
» gneur le délaissa alors, afin qu'il fût éprou-
» vé, et que toutes les choses qu'il avoit en
» son cœur fussent connues * ». Or, les secrets du cœur du roi Ezéchias ne nous ont été connus que par le cantique d'actions de grâces qu'il en écrivit après sa guérison, et notre Prince, en sa douloureuse agonie, nous a si bien dévoilé son ame, en se pé-

* II Paralip. xxxii, V. 31.

nétrant de ces mêmes sentimens religieux, qu'on diroit que ce cantique funèbre lui convient beaucoup plus naturellement qu'à Ezéchias même, qui le composa.

Si quelque considération avoit pu nous retenir, en publiant cet opuscule, ç'auroitété la crainte de renouveler les douleurs qui, ayant déchiré le cœur de notre bon Roi, ont paru se calmer à la naissance d'un autre Duc de Berri; mais la grande ame « du Roi qui » n'a pas craint le spectacle de la mort du » Prince », supérieure à tous les revers, se retrempe dans les souvenirs les plus déchirans; et le même esprit qui inspira ce cantique au roi Ezéchias, n'auroit-il pas aussi mis en la bouche de notre Roi ces paroles qui en sont l'abrégé, lorsqu'au nom de celui qui fait régner, et agir et parler les rois, il a dit aux chambres assemblées : « Messieurs, » parvenus au terme d'une année marquée » par le plus douloureux événement » (ici la voix ferme et sonore du Roi paroît sensiblement altérée; Sa Majesté est obligée de faire une pause, pour se donner le temps de maîtriser son émotion, et elle reprend); « d'une année si féconde depuis en conso- » lations et en espérances; nous devons, » avant tout, rendre grâce à la Providence » de ses nouveaux bienfaits (*)?

(*) Ouverture des chambres, 19 décembre 1820.

» Le deuil étoit dans ma maison, un fils
» a été accordé à mes ardentes prières. La
» France, après avoir mêlé ses larmes aux
» miennes, a partagé ma joie et ma re-
» connoissance, avec des transports de joie
» que j'ai vivement ressentis».

On va voir si un tel début ne renferme
pas éminemment tout le sens de cette royale
et divine lamentation.

Pour surcroît de lumière, Dieu a permis
que M. de Châteaubriand (sans s'en douter, ce qui est encore plus surprenant;
nous le tenons de sa propre bouche) est si
bien entré dans ces hautes pensées, que ses
Mémoires sur la mort du Duc de Berri
vont nous offrir le plus beau commentaire
de cette page de nos livres saints.

Aujourd'hui que, de tous les points de
la France, les amis de la religion et de la
monarchie font à l'envi tant d'offrandes
pour l'érection d'un mausolée à l'honneur
du Duc de Berri, qu'il nous soit aussi permis de lui en ériger un des plus magnifi-
ques, dans l'Eglise des saints; et puisse ce
beau monument, à sa gloire, consacrer le
souvenir de sa rare piété, et avoir la même
durée que la parole de Dieu qui va lui servir de base!

LAMENTATION

DE LA FRANCE,

SUR LA MORT

DU DUC DE BERRI.

CHAPITRE PREMIER.

Ego dixi in dimidio dierum meorum.
Moi, au milieu de mes jours, j'ai dit.

Le saint roi Ezéchias dit ces mémorables paroles vers la quarantième année de son âge, et Charles-Ferdinand d'Artois, fils de France, Duc de Berri, qui put les redire à l'heure de sa mort, étoit âgé de quarante-deux ans et vingt jours, étant né à Versailles le 24 janvier 1778.

« Or, depuis environ trente siècles, le roi David
» a chanté que les jours de nos années, récapitulés
» en eux-mêmes, sont de soixante-dix ans; et que,
» si les potentats, ou des hommes les plus robustes
» vivent quatre-vingts ans, le surplus n'est que tra-
» vail et douleur (a) ». Cette règle de nos jours est encore assez générale. Ainsi le Prince que nous pleurons, étant d'une complexion si forte, et du tempérament le plus vigoureux, auroit bien pu arriver

______

(a) Ps. LXXXIX, ℣. 10.

à ce grand âge de quatre-vingts ans et plus. La moitié de ses jours se réduit donc précisément à l'époque où il dut mourir, grâce qui ne fut pas accordée à son bourreau, décapité à l'âge de trente-sept ans, pour s'être mis au rang des hommes de sang et des fourbes, desquels il est écrit qu'en général ils ne vivront pas même la moitié de leurs jours (*b*).

Cependant, au lieu du *dimidio* de la Vulgate, en la moitié de mes jours, le chaldaïque dit *in mœrore* : Dans le chagrin de voir finir mes jours. Le grec des Septante : Au plus haut, ou dernier de mes jours; *In excelso*. L'arabe : Au retranchement de mes jours. *In ademptione*. Forérius, Vatable et autres savans ont tiré de l'hébreu : Dans le silence où finirent mes jours; *In silentio* : Dans la coupure de mes jours; *In excisione* : Dans l'abbatis de mes jours; *In succisione* : Dans le raccourcissement de mes jours; *In decurtatione*. Que de sens historiques dans une seule parole!

Qu'on applique donc tous ces divers sens, et autres qu'on pourra y découvrir encore, à la cruelle position du feu Duc de Berri, et on verra si ses jours coupés par le milieu, dans le plus grand silence de la nuit, n'ont pas été raccourcis, abbatus, terminés dans le chagrin qui, de son cœur, se communiqua aussitôt à la cour, à la ville, à la France, alors que son dernier jour lui vint à l'imprévu (1).

Mais saint Jérôme est bien encore ici plus admirable. Il en est, dit-il, qui, au lieu de *dimidio*, ont traduit : *In sanguine dierum meorum* : Dans le sang de mes jours. C'est-à-dire, ajoute saint Jérôme, au nom d'Ézéchias : Quand mon sang et ma mort étoient at-

---

(*b*) Ps. v, ℣. 7.

tendus ; n'ayant plus d'espérance de vie, j'ai dit : Je vais donc mourir !

Outre l'abondance de sang que le Duc de Berri perdit de sa plaie, n'est-il pas vrai qu'on lui suça encore beaucoup de sang, et qu'on lui fit diverses saignées pour lui en tirer aussi et le soulager ? Alors » le pouls se ranima, dit son historien ; le visage se » colora, le sang coula par ses veines ouvertes, et » l'on se réjouit de voir couler ce sang, dans l'espoir » de prolonger ainsi ses jours ». Le Prince en jugea d'abord bien autrement, et se tenant assuré de sa prochaine mort, bien qu'à peine arrivé au milieu de ses jours, il se dit (2) :

CHAPITRE II.

Vadam ad portas inferi.
J'irai aux portes de l'enfer.

Alors que le roi Ezéchias parla ainsi, il venoit d'être guéri de son ulcère qu'il avoit cru mortel. Il n'en fut pas ainsi de notre Prince, qui ne dut survivre que quelques heures au coup que lui porta la mort, et lui fit craindre les portes de l'enfer.

Ces paroles ont ici deux sens. Au style des Ecritures, l'enfer signifie le tombeau où Jacob voulut descendre en pleurant encore son fils Joseph (c), et le lieu de tourmens où fut enseveli le mauvais riche (d). De tous les textes, l'hébreu .e seul

(c) Gen. xxxvii, ℣. 35.
(d) S. Luc. xvi, ℣. 19.

qui dise ici : J'irai aux portes du sépulcre (3). Le Duc de Berri, en mourant, a-t-il dit l'un ou l'autre de ces deux sens : J'irai au tombeau, j'irai en enfer (4)?

Dès qu'il se sentit frappé au côté droit, il y porta sa main et dit : « Je suis assassiné; cet homme m'a tué ». Le comte de Mesnars lui dit alors : « Seriez-vous blessé, Monseigneur ? — Oui, reprit le Prince, je tiens le poignard »; et, l'ayant retiré de sa plaie, il le lui remit en main, disant : « Je suis mort; un prêtre. Venez, ma femme, que je meure dans vos bras ». Et dès qu'on l'eut assis sur un banc, il répéta encore : « Je suis mort »; et à sa voix son tombeau s'ouvrit à Saint-Denis. Dire, je suis mort, dit donc aussi, je descends au sépulcre.

Admirons ici la piété de ce Prince qui, en présence de la mort, demande un prêtre pour l'aider à bien mourir. Le roi Ézéchias, en sa maladie, fut assisté par le prophète Isaïe que Dieu lui envoya pour lui dire : Vous mourrez; et qu'il lui renvoya ensuite pour l'assurer de sa guérison, et l'opérer au même instant, en sorte que le même Isaïe fit auprès du roi la fonction de deux prophètes, dont l'un prédit sa mort, l'autre le rappelle à la vie. Il manquoit donc encore ce dernier trait de comparaison du Duc de Berri au roi de Juda, que deux ministres du même Dieu lui furent aussi adressés de sa part, et à sa demande. L'un, Mgr. l'évêque de Chartres, pour l'absoudre de ses péchés et lui ouvrir le ciel; l'autre, M. le curé de Saint-Roch, pour l'aider à y monter et l'y introduire (5).

Opérant alors son salut avec plus de frayeur et de tremblement que jamais, quelle fut sa crainte de ne pouvoir y parvenir, malgré tous les secours que la religion lui administra alors ! Redoutant l'enfer,

autant qu'il est redoutable, « ce bon Prince, qui sait
» que Dieu n'est pas un mot, tremble de comparoî-
» tre à son tribunal suprême : le martyre lui ouvre
» les portes du ciel, et il ne se croit pas assez pur
» pour y monter, et y rejoindre les plus saints rois
» de sa race; il ne peut trouver en son innocence
» l'assurance que l'assassin trouve en son crime; et,
» rassemblant toutes ses foiblesses autour de son lit,
» il se juge assez coupable pour oser se dire, dans
» le chagrin de ses mauvais jours : A ma mort irai-
» je donc en enfer » ?

Aussi Vatable a-t-il tiré de l'hébreu tout le sens
que la triste position du Duc de Berri, à l'extrémité,
aura pu mettre en son cœur, lui faisant dire après
Ézéchias : « Mes jours ayant été coupés, alors que
» j'entendois dire que c'en étoit fait de moi, et que
» la fin de ma vie étoit proche, j'ai dit en moi-même :
» J'irai aux portes de l'enfer. Il appelle ses jours
» coupés, à cause de sa mort prématurée, laquelle lui
» est survenue avant la période de sa vie naturelle.
» Quoi! se dit-il, à la fleur de mon âge, j'irai aux
» portes de l'enfer qui se dilate pour m'engloutir » !

CHAPITRE III.

Quæsivi residuum annorum meorum.
J'ai cherché le reste de mes ans.

QUELS sont ces ans qui pouvoient rester au roi
Ézéchias, ou au Duc de Berri, sinon ceux qu'ils
auroient dû vivre encore? L'un chercha donc les années qui lui restoient de vie, et trouva que le ciel

les avoit réduites à quinze. L'autre, moins heureux peut-être, jeta ses yeux mourans sur la longue vie que l'avenir avoit paru lui promettre, et
s'assura qu'il ne lui restoit plus à vivre que quelques heures incertaines, qui lui échappoient au présent. Aussi, ne s'abusant point, dit-il d'abord à ses
médecins : « Je suis bien sensible à vos soins ; mais
» ils sont inutiles. Je suis perdu, mon cher Bougon,
» je suis frappé à mort, laissez-moi donc, puisque
» je dois mourir ». C'est ainsi qu'en cherchant le
reste de ses ans, ce Prince, digne d'un meilleur
sort, trouva son éternité.

Les textes grec et arabe disent ici : « Je laisse-
» rai les années restantes ». Le syriaque entre dans
ce même sens, et le chaldaïque lui en donne un autre
encore plus pieux : « Parce que vous vous êtes rappelé
» de moi en bien, lui fait-il dire à Dieu, il a été ajouté
» à mes ans ». (Quel intervalle ? quelques heures !)

Mais le texte primitif, l'hébreu, dit ici de la manière la plus positive : « J'ai été privé de la moitié
» de mes ans ». D'où il s'ensuivroit, en notre sens,
que le Duc de Berri auroit encore vécu quarante-
deux ans et vingt jours, si Louvel ne fût jamais né ;
ce qui n'a rien d'incroyable, ni d'absurde, eu égard
à sa robuste complexion.

Si on veut s'en tenir ici à la Vulgate, et qu'avant
de mourir, ce Prince ait recherché le reste de ses
ans, de la moitié desquels il fut privé, nous pouvons
dire en vérité, avec le sublime historien de cette
horrible catastrophe, « qu'aussitôt que le Duc de
» Berri se sentit un peu mieux par le calme qui
» suivit l'élargissement de sa plaie, il profita de ce
» temps pour jeter un dernier regard sur la vie ;
» ainsi que le voyageur qui s'assied un instant pour

» contempler le pays qu'il a parcouru avant de des-
» cendre le revers de la montagne. Tenant la main
» de M. Dupuytren, le Prince le prioit de l'avertir,
» lorsqu'il sentiroit le pouls remonter ou s'affaisser.
» Vigilant capitaine, il posoit une sentinelle expé-
» rimentée pour n'être pas surpris par la mort, et s'a-
» vancer courageusement devant ce grand ennemi »,
qui, le privant des années qui lui restoient à vivre,
dut lui arracher encore ces mots de la plus cruelle
perplexité où s'étoit vu Ezéchias écrivant :

CHAPITRE IV.

Dixi, non videbo Dominum in terrâ viventium.
J'ai dit, je ne verrai point le Seigneur en la terre des vivans.

Selon la version chaldaïque, il seroit écrit : J'ai
dit, je n'apparoîtrai donc plus en la présence du
Seigneur terrible en la terre de la maison de sa
majesté, en laquelle est la longueur de la vie. Aussi
d'autres ont-ils traduit : Je ne verrai donc plus le
temple de Dieu en la terre des vivans. Et de fait,
le Duc de Berri ne parut plus dès-lors en nos
églises, que mort au milieu des vivans qui durent
l'ensevelir. Et Vatable a lu en l'hébreu : Je ne con-
templerai donc plus les œuvres de Dieu en la terre
des vivans. Tous ces sens divers ne se sont-ils pas
mieux vérifiés en notre Prince que dans le roi
Ezéchias, qui revit le temple et les œuvres de
Dieu durant plusieurs années encore ?
Mais l'arabe et le grec disant ici : Non, non, je
ne verrai plus le Sauveur, ou le salut de Dieu, oui,

de Dieu, répète l'hébreu, sembleroient jeter ici quelque défiance de la bonté divine en l'ame de ces deux princes, d'autant mieux que la tradition a pu l'entendre ainsi : J'ai cherché le reste de mes ans; c'est-à-dire, selon saint Jérôme : « Ne croyant » plus être au cas de vivre davantage, j'ai dit : Je » ne verrai donc pas le Seigneur en la terre des » vivans, laquelle terre est la région des saints » au ciel. Voilà donc tout ce qu'il craint le plus, » d'être conduit aux enfers, et de ne mériter plus de » voir le salut de Dieu (ou que Dieu lui a promis » et montré) en Jésus-Christ.

Or le Duc de Berri, considérant, à la pâle lueur de sa lampe sépulcrale, la grandeur de ses fautes qu'il jugea encore bien plus énormes qu'elles n'é-toient, craignit avec raison les jugemens de Dieu qui juge les justices, et, sans désespérer de ses miséricordes dont il se crut indigne, ne dut-il pas se dire en toute humilité : Si je meurs en l'état de péché où je suis, je ne verrai point le Seigneur Dieu qui, dans le ciel, ne se laisse voir qu'aux ames pures ou purifiées.

C'est sans doute dans ces religieux sentimens qu'il dit au Duc d'Angoulême : « Ah! mon frère! » vous qui êtes un ange sur la terre, croyez-vous que » Dieu me pardonne ? — Vous pardonner ! reprit » le Prince, il fait de vous un martyr (6) ». (Et il » ne s'y trompoit pas.) Un rayon de joie parut alors » sur le front du Prince mourant; il ne douta pas » qu'un frère si pieux ne connût les desseins de la » divine Providence, et il se reposa de son bonheur » éternel sur la foi du juste ».

Le docte Forérius a trouvé, en ce texte, cet autre sens qui n'est pas moins remarquable : « En l'abré-

» viation de ma vie à présent si raccourcie avec mes
» jours, *in decurtatione*, j'ai dit : Voici que je meurs
» avec le silence de mes jours, ne laissant point
» de postérité qui rende témoignage à ma vie, et
» sans enfant mâle, *absque filio*, qui atteste au
» monde que j'ai vécu ». Et au lieu de : J'ai cherché, *quæsivi*, Forérius a encore tiré de l'hébreu :
« J'ai senti qu'il me manquoit le reste de mes
» ans, dont j'ai été privé, ou on m'a soustrait le
» reste de mes ans. Je ne verrai donc plus le Sei-
» gneur mon Dieu en cette vie ».

CHAPITRE V.

Non aspiciam hominem ultrà.
Je ne regarderai plus l'homme.

LE texte arabe dit ici : Je ne verrai plus qui que
ce soit de ceux qui vivent et habitent en la terre. Si
Ezéchias fût mort alors qu'il le croyoit, il n'auroit
plus vu d'homme vivant, jusqu'à la résurrection
générale des morts. Le Duc de Berri put aussi
bien en dire autant ; et si, dans un sens plus
étendu pour Ezéchias, l'homme à voir eût été
Manassès, son fils, qu'il n'auroit pas vu s'il fût
mort alors ; pour le Duc de Berri, l'*homme* qui ne
lui fut pas donné de voir, même au beau jour de
sa naissance, n'auroit-il pas été le prince Henri,
son fils, qui n'est venu au monde qu'après sa
mort ? Si ce n'est lui, quel sera donc cet homme ?

Mais le mot *ultrà*, dont on fait à présent un
si criminel abus, dit bien encore davantage, si on

l'applique à l'homme même. Ce sera un homme au-delà de l'homme. *Hominem ultrà*, plus qu'un homme, ou un homme plus méchant que la malice humaine ne le comporte. Quel pourroit donc être cet homme qu'on suppose ici que le prince ne verra plus ? Par hasard, ne seroit-ce point son féroce meurtrier lui-même ? car il faut observer qu'il l'a constamment désigné sous ce nom d'homme, et sans nulle épithète (7). « Cet homme » m'a tué. Qu'ai-je fait à cet homme ? C'est peut- » être un homme que j'ai offensé sans le vouloir. » Grâce pour cet homme. » Louvel fut donc l'homme qui, ayant tué le prince, dut pour toujours disparoître à ses yeux ; car ils étoient déjà fermés alors que cet assassin lui fut amené par la justice pour être confronté avec son cadavre. Louvel vit en lui sa victime, et n'en fut pas vu.

Mais, ce qui me frappe encore plus ici, c'est qu'après avoir recommandé à son père tous ses domestiques, il demanda instamment à voir son assassin, sans doute pour lui dire, avec saint Ambroise et le duc de Guise en pareil cas : Si ton irréligion t'a poussé à m'ôter la vie, ma religion m'ordonne de te pardonner. Juge maintenant laquelle des deux est la meilleure.

Le Duc de Berri ne put avoir cette consolation. Ainsi Louvel pourra le voir dans le sein d'Abraham, comme le riche y vit Lazare, si son impénitence l'a jeté en enfer. Et vous, ô grand Prince ! qui voyez Dieu en son essence, vous aurez beau le chercher des yeux, non vous ne verrez plus l'homme (8).

CHAPITRE VI.

Neque habitatorem quietis.
Ni l'habitant du repos.

LE syriaque dit ici : Je ne verrai donc plus personne d'entre les habitans de la fosse, ou d'entre les vivans qui, pour maison de leur éternité, auront le sépulcre. L'hébreu porte : Je ne verrai plus l'homme avec ceux qui habitent la terre, (puisque je passe en l'éternité.) Le chaldaïque est plus énergique encore, et d'un sens plus profond : Je ne servirai donc plus devant Dieu, dit-il, en la maison de son sanctuaire, d'où il doit arriver qu'il sorte un jour la joie à tous les habitans de la terre, et je ne demeurerai plus en la cité sainte de Jérusalem ; c'étoit là la capitale du règne de Juda, qu'Ezéchias auroit quittée en mourant. Le Duc de Berri ne dut-il pas avoir les mêmes regrets de ne pouvoir plus servir Dieu avec nous ? de s'associer à nous en la célébration de nos solennités, et d'être enfin rayé pour toujours du nombre des habitans de sa bonne ville de Paris ?

Ainsi l'habitant du repos est ici tout bon François ; car les méchans s'agitoient alors, et trépignoient d'une joie atroce (9) ; nous reposions tous paisiblement à Paris et en France, quand le Prince tendoit à sa fin. « Sous la garde de son Roi, le » peuple dormoit en repos, et le Roi veilloit seul » avec toute sa famille dans la consternation. Qui » auroit imaginé alors d'aller chercher tous les

» Bourbons réunis, au lever de l'aube, dans une
» salle de spectacle déserte, autour de leur dernier
» fils assassiné » ? et ce fils ne respirant encore
que pour demander au Roi grâce pour la vie de
l'homme, jusqu'à ce que ses royales mains eussent
fermé ses yeux, afin qu'il ne vît plus l'homme qui
n'en méritoit plus le nom ; ni aucun des Français
qu'il laissa en repos sur la terre qu'il quitta. Nous
ouvrîmes donc les yeux à la clarté du jour, presqu'à la même heure que le Prince les ouvroit aux
rayons de la gloire céleste.

Pourquoi enfin cet habitant du repos, qu'il ne
dut plus voir en terre, ne seroit-il pas son fils
le Duc de Bordeaux, qui jouit actuellement avec
nous de la profonde paix que nous a procurée la
royale providence de son oncle ? Ce qui me le
feroit croire, c'est qu'avant d'entrer en agonie, ce
bon père nous l'ait comme montré au doigt par
l'espérance, en se plaignant ainsi à Dieu d'être
condamné à ne le voir, ni lui, ni sa postérité (10).

CHAPITRE VII.

Generatio mea ablata est.
Ma génération a été enlevée.

Que de choses ici qui, ne pouvant convenir au
roi Ezéchias, s'appliquent d'elles-mêmes au Duc
de Berri ! Mon séjour en ce monde, dit l'hébreu,
a été mis en pièces, et s'est émigré de moi,
comme la tente qu'emporte le berger. Mon ha-
bitation, dit le chaldaïque, a été coupée ou sé-
parée

parée de moi. Qu'on cherche, en ce texte, une application convenable au roi Ezéchias, malade en son lit, en sa maison ; et qu'on voie le Duc de Berri étendu sur un lit d'emprunt qui ne le reçut qu'en passant, éloigné de son domicile qu'il avoit perdu de vue ; au sein de sa famille, il est vrai, mais expirant dans une maison étrangère. N'est-il pas évident que son palais de l'Élysée-Bourbon dut lui paroître alors comme rasé, ou émigré, ou séparé de lui, ainsi qu'une hutte qu'on change de place ?

De plus, Ezéchias, croyant mourir bientôt, gémit devant Dieu de se voir ainsi sans postérité, et conséquemment exclu de la généalogie de Juda qui dut engendrer le Messie. « Il craint, dit saint » Jérôme, de ne pas habiter dans le repos avec les » saints de Dieu, de ne pas voir le Seigneur en la » terre des vivans ; et que sa génération, enlevée » comme la hutte des bergers, ne soit pas en la » généalogie de Jésus-Christ. C'étoit sa plus grande » peine ; Dieu l'en délivra en lui rendant la santé », et, trois ans après, il eut en Manassès un fils qui régna après lui, et fut un des aïeux de Jésus-Christ, que saint Matthieu a cité en son rang ».

De même le Duc de Berri dut s'attrister, à sa mort, de ce que son meurtrier, croyant arracher en lui la souche des Bourbons, auroit ainsi enlevé à la France cette noble génération de saint Louis, qui nous promettoit encore tant de grands princes à naître de son sang. Il avoit dit à nos députés : J'espère que j'aurai des enfans qui, comme moi (11), porteront en leur cœur l'amour des François. Falloit-il donc qu'en si peu de temps, il changeât de langage pour nous dire aussi : *Ma génération m'a été enlevée ?* Ce qui peut signifier, on me sépare donc de mes enfans que j'ai déjà, et des enfans de mes enfans que je puis avoir encore. Heureusement il se méprit comme Ezéchias, dont la postérité figure avec tant d'honneur en l'Evangile.

« Au moment de calme qui suivit les soins
» qu'on donna à sa plaie, le Duc de Berri dit à
» son épouse : Mon amie, ne vous laissez pas
» accabler par la douleur; ménagez-vous pour l'en-
» fant que vous portez en votre sein ».

« Ce peu de mots, dit l'historien, fit un effet
» surprenant sur l'assemblée. En présence de la
» douleur, on sent renaître la joie, et l'attendris-
» sement redouble pour le Prince qui laisse à sa
» patrie, pour dernier bienfait, cette dernière
» espérance. Il semble emporter avec lui toute
» une monarchie, et, à l'instant même où il s'en
» va, il en annonce une autre qui nous est restée
» en la personne de son fils »; bien qu'il ait pu dire, sans mentir et comme en doutant : *Ma génération a été enlevée.*

~~~~~~

CHAPITRE VIII.

Et convoluta est à me quasi tabernaculum pastorum.

Et repliée hors de moi, comme la tente des pasteurs.

Mon temps s'est émigré, dit ici le syriaque, et s'est envolé loin de moi. Mes jours, dit le chaldaïque, ont été enlevés par les fils de ma génération; et, ayant été coupés, ils ont émigré loin de moi, et ont été enveloppés ainsi qu'une tente du berger. Ceux qui ont conjuré la mort de notre
~~~~~~

Prince étoient ses contemporains et des Français; et Louvel, né après lui à Versailles même, chargé, dit-il, de *faire sa commission*, sont tous ici les enfans de la génération actuelle qui ont abrégé ses jours, si précieux au repos de la France.

Le texte arabe présente cet autre sens : J'ai été retranché de mes parens, j'ai délaissé le reste de ma vie, lequel a expiré et s'est émigré de moi, tout comme celui qui défait la tente qu'il avoit dressée pour l'emporter ailleurs.

Et le grec des Septante dit : Je ne verrai plus l'homme, il est déchu de ma parenté; j'ai laissé le reste des ans de ma vie, il s'est échappé et s'est retiré de moi ainsi que celui qui détruit la tente qu'il s'étoit fixée en terre.

Le Prince n'a-t-il pas été séparé de tous ses parens par la plus cruelle mort? n'a-t-il pas laissé arrière lui les jours qu'il avoit encore à vivre ? et l'homme qui l'a tué n'a-t-il pas aussitôt cessé d'appartenir à l'humanité, pour lui avoir ravi tant d'années de vie qui se sont évanouies et éloignées de lui avec plus de vîtesse qu'on ne détruit la hutte qu'on habitoit?

Lorsqu'ils ne trouvent plus de quoi nourrir leurs troupeaux dans les déserts de Syrie, les pâtres sont en usage de replier leur tente, et, l'emportant sur leur dos, ils vont chercher ailleurs d'autres pâturages. Le roi Ezéchias compara donc à cette transmigration des bergers portant leurs tentes repliées, au défaut de sa génération toute repliée avec lui en son suaire.

Or, en notre présence, les obsèques du Duc de Berri (12) se firent à Saint-Denis avec quelle triste magnificence ! qui n'égala pourtant pas la douleur

publique. « L'église, tendue en noir dans la lon-
» gueur de la voûte, ressembloit à un vaste tom-
» beau, et il y avoit tant de grandeur à cette
» pompe, qu'on auroit cru assister aux funérailles
» de la monarchie. Après la messe on ôta du
» catafalque le cercueil où étoit renfermé le corps
» du Prince, pour le descendre dans le caveau.
» A la vue de ce cercueil en mouvement, et
» qu'on transportoit ailleurs, la Duchesse d'An-
» goulême se sentit défaillir et se retira. Le Roi
» lui-même, à genoux, laissa tomber sa tête vé-
» nérable sur ses deux mains jointes : la France
» entière sembla courber sa tête avec lui », et
le Prince mort, enveloppé de son drap mortuaire
avec toute sa génération, et ôté de devant nos
yeux par les porteurs qui le déposèrent en terre,
parut nous dire : Adieu, François ; me voilà emporté dans le sépulcre de vos Rois, ainsi que
les bergers emportent ailleurs, quand il le faut,
leur tente repliée.

CHAPITRE IX.

Præcisa est velut à texente vita mea.
Ma vie a été coupée comme par le tisserand.

Mon esprit, dit le grec des Septante, est devenu
comme la toile aux approches du tisserand qui
va la couper. Et le texte arabe porte : Mon esprit est chez moi comme le tisserand dont la
trame va bientôt être coupée, c'est-à-dire, mon
ame est sur le point de se séparer de mon corps,
qui tombe déjà en dissolution.

Ainsi ma vie, dit le syriaque, s'est rétrécie comme une bandelette déjà tissue, et comme un rouleau de fil qu'on va couper sur le métier. Enfin Dieu a coupé mes vies, dit l'hébreu, et par l'épuisement il me hachera. Ézéchias a-t-il pu dire cela mieux que le Duc de Berri, dont les chairs ont été découpées autour de sa plaie, dont *la vie* présente a été remplacée par la vie du siècle à venir, et dont l'existence a été rétrécie par le fer avant qu'elle eût atteint ses justes bornes ?

Alors qu'une pièce de toile encore sur le métier est parvenue à sa fin, le tisserand s'arme d'un couteau bien affilé, et en coupe tous les fils, non à la hâte ou d'un seul coup tous à la fois ; mais lentement et les uns après les autres. Ézéchias, consumé peu à peu par le mal qui lui amenoit la mort, auroit donc vu ses jours abrégés avec lenteur, et coupés ainsi que les fils de la toile, qui, sans nulle résistance, cèdent au fer aigu que leur applique le tisserand.

Au reste cette divine pensée, qui assimile un meurtrier, surtout en trahison, à un tisserand qui coupe sa toile avant qu'elle soit, ou après qu'elle est finie, a paru si belle aux païens même, qu'ils l'ont adoptée en leur mythologie. Au dire des poètes, les Parques s'occupent à filer nos jours que d'autres Parques coupent avec leurs ciseaux affilés en perfidie ; et Properce a dit qu'ils trament les fils de la mort, tous ceux qui tendent des embûches à la vie des autres.

A quel plus juste titre le Duc de Berri a-t-il pu et dû emprunter ces mêmes expressions, lui dont les jours si précieux à la cour, à la ville, à la France, furent tranchés, avec autant d'atrocité

que de barbarie, par le poignard, cette lame meur-
trière, longue de près de huit pouces et affilée des
deux côtés, ne fut-elle pas en la main de son assassin
déterminé, ce qu'est le couteau de fer en la main du
tisserand qui coupe, fil à fil, sa toile sur son métier
où elle est encore tendue (13). Car ce Prince ne
mourut pas subitement comme d'un coup de massue,
ou d'apoplexie, ou de foudre; mais assez lentement, s'affoiblissant d'heure en heure, et mourant,
pour ainsi dire, plusieurs fois et par degrés avant
de subir la mort. Et quel tisserand trouve plus
de facilité à couper sa toile, que n'en rencontra
Louvel à tuer le Prince? N'avoit-il pas déjà fait
son coup quand M. le Comte de Choiseuil lui dit:
Prenez donc garde à ce que vous faites; et que
le Duc de Berri, frappé au côté droit, y porta
sa main, en retira le poignard, et dit : Je suis
assassiné; cet homme m'a tué?

CHAPITRE X.

Dùm adhuc ordirer, succidit me.
Tandis que j'étois encore ourdi, il m'a coupé.

De tous les textes anciens, la Vulgate est la seule
qui nous offre ces paroles à méditer; et elles ne
sont pas de surcroît, puisque l'Église les a retenues
comme une suite aux précédentes. L'hébreu dit
seulement : Par l'épuisement où Dieu me réduira
enfin, il me hachera, ou, pour parler avec Celse,
il disséquera, découpera, dépécera mon corps;
ce qui est arrivé au Duc de Berri dans le cours
des sanglantes opérations qu'il a subies, et non à

Ezéchias qu'Isaïe guérit avec le cataplasme de figues qu'il appliqua à son ulcère.

En se comparant donc ici à la toile commencée et coupée avant d'être finie, ce bon roi semble la faire parler à sa place, et dire en gémissant : Tandis que j'étois encore ourdi avec les fils de mes jours, le mal m'a coupé en deux sans attendre ma fin. Ce que ne pourroit dire celui qui ourdit sa toile, lequel n'est point coupé; c'est le tisserand qui coupe les bouts de fils dont la toile se compose (14).

Car, auparavant de se mettre à l'œuvre pour faire une toile ou un tissu quelconque, on commence toujours par l'ourdir, en posant, de distance en distance, les fils qui doivent la former dans toute sa longueur. Tous ces fils ainsi coordonnés et tendus, on les dispose sur le métier de telle manière qu'un autre fil placé dans la navette, allant et revenant, croise, resserre tous ces fils ensemble, et achève la toile à laquelle le long tissu de nos jours est ici comparé. Ourdir n'est donc, pour la toile, qu'une préparation nécessaire à l'ouvrage qui doit l'avancer et la finir : figure qui nous peint le commencement ou le milieu d'une plus longue vie que mille accidens peuvent terminer, même avant sa fin.

Ainsi Ezéchias et le Duc de Berri, au milieu de leurs jours, se voyant avec effroi déjà arrivés au bord de la tombe, ont bien pu se lamenter, avec quelque raison, de se voir condamnés à une mort si prématurée, et surtout d'être forcés à mourir avant qu'ils se fussent préparés à mieux vivre. Quelle plus désastreuse position !

« Un fils de saint Louis, dernier rejeton de la » branche aînée de sa famille, échappe aux tra-

» verses d'un long exil, et revient dans sa patrie.
» Il commence à goûter le bonheur; il se flatte
» de se voir renaître, et de voir renaître en
» même temps la monarchie dans les enfans que
» le Ciel lui promet. Tout-à-coup il est frappé
» au milieu de ses espérances », presque dans
les bras de sa femme! Il va mourir, et il n'est
pas plein de jours!

Tandis que la toile de ma vie s'ourdissoit encore, dit le roi de Juda, voici qu'une maladie
inattendue a coupé le fil de mes jours que je
tenois en main : *Succidit me*. Et moi, put dire
le Duc de Berri, lui faisant écho, tandis que
j'ourdissois encore, avec tant de gloire et d'espérance, la trame de mes beaux jours qui auroient pu
s'alonger d'un demi-siècle , l'homme armé du
glaive aux deux tranchans , séparant mon ame
d'avec mon corps, m'a coupé en deux. *Succidit me.*

CHAPITRE XI.

De manè usque ad vesperam finies me.
Du matin jusqu'au soir, vous me finirez.

On ne voit guère en quel sens Ezéchias malade, et
aussitôt rétabli, a pu parler ainsi à Dieu qui s'en est
réservé le secret, si ce n'est qu'il ait voulu dire :
Vous finirez ma vie, après m'avoir laissé vivre encore tel nombre de jours à vous connu; du matin
au soir, jusqu'au dernier qui en fera la clôture, et
nous pouvons tous en dire autant (15).

Mais que d'autres sens cachés en ce texte! Depuis le jour jusqu'à la nuit, vous me consumerez,

dit l'hébreu, ou vous m'acheverez ; ou, selon Vatable : Dans l'espace d'un seul jour, vous consommerez, vous compléterez, vous finirez mes ans. Tel n'a-t-il pas été le sort du Duc de Berri ? En moins d'un jour, dans quelques heures, c'en a été fait de lui pour toute une éternité.

Voici que je transmigre (de cette vie en l'autre), dit le chaldaïque ; mes jours et mes nuits sont finis. (Il n'y en aura donc plus pour moi)!

En ce jour-là (13 février), dit le grec des Septante, j'ai été trahi et livré jusqu'à la nuit. Ce fut en effet vers les onze heures du soir que Louvel le poignarda en traître, comme livré alors à sa discrétion pour le moment.

Vous m'avez livré, dit le syriaque, depuis le jour jusqu'à la nuit (où j'ai succombé à la trahison). Enfin, l'arabe dit : Ce jour-là, j'ai été exposé en public, jusqu'au matin (où je fus porté au sépulcre). Que penser de tant de significations renfermées sous les mêmes lettres, et de l'adorable style de nos Écritures ? Que Dieu seul parle ainsi.

Du matin jusqu'au soir, vous me finirez. Or, on ne peut finir que ce qu'on a commencé, et le fer avec lequel le tisserand coupe sa toile, commence par le premier fil, et, de fil en fil, il coupe avec précaution jusqu'à la fin. Ce n'est donc qu'après avoir tranché le dernier fil de la trame qu'il avoit ourdie d'avance, qu'on peut dire en vérité que sa toile est totalement finie. Il en est ainsi de nos jours.

Aussi le Prince, atteint du fer homicide avant minuit, vécut encore de souffrances jusqu'après six heures du matin. La mort qui avoit déjà commencé sur lui son ouvrage le consomma alors, en achevant de trancher le dernier fil de ses jours, et sur le soir, jusqu'à la nuit du tombeau, il ne fut plus qu'un cadavre qu'on se disposa à embaumer pour lui donner la sépulture.

Il put donc dire à Dieu : Depuis le matin qui fut le premier jour de ma vie, à Versailles, ou, depuis le matin où tout Paris, en son affliction, m'a vu mort, jusqu'au soir de ce même jour, que ma dépouille mortelle fut exposée au Louvre, vous avez mis fin à tous vos soins et à vos desseins sur moi, que vous finirez au dernier jour.

CHAPITRE XII.

Sperabam usque manè.
J'espérois jusqu'au matin.

En ce jour-là, dit le texte grec, j'ai été livré ; et l'arabe : J'ai été exposé comme à un lion. Et le Duc de Berri, déjà blessé à mort par l'homme, ne subit-il pas toutes les opérations de l'art, qui lui furent aussi cruelles que telles morsures du lion auxquelles on livra ou on exposa nos martyrs ? et les douleurs qu'il en ressentit ne se prolongèrent-elles pas jusqu'au matin, où il rendit à Dieu sa belle ame ?

Au lieu de, j'espérois, l'hébreu dit : J'ai posé (le terme de ma vie) jusqu'au matin ; ce qui suppose un malade très-souffrant dans la nuit. « C'est pour- » quoi Vatable lui ayant fait dire à Dieu : Vous m'a- » cheverez, moi et mes ans, dans l'espace d'un jour, » lui fait ajouter, comme ayant changé d'avis : De » rechef, je me suis constitué un moindre terme, et » j'ai dit, en le présumant, que je pourrois bien vivre » encore peut-être jusqu'au matin ».

Et le Duc de Berri, se sentant défaillir de plus en plus dans la nuit, s'informoit souvent de l'arrivée du Roi. « Je n'aurai pas le temps, disoit-il, de » demander grâce pour la vie de l'homme ». Ce temps lui fut accordé vers les cinq heures du matin, c'est-à-dire, une heure avant sa mort, après avoir passé la nuit la plus douloureuse.

Mais Forérius est encore ici plus profond dans ce sens qu'il tira de l'hébreu : « Je passois la nuit sans » dormir (eh! dans quelle horrible insomnie) : *Noc-* » *tem ducebam insomnem;* et je roulois dans mon es- » prit quelle raison il pouvoit y avoir, pour que » Dieu eût brisé mes membres, comme un lion, et » qu'en si peu de temps il eût terminé ma vie » ?

Ezéchias n'a rien dit de tout cela, au lieu que le Duc de Berri dit alors l'un et l'autre : « Que je » souffre, disoit-il; que cette nuit est longue! Le » Roi vient-il » ? Il avoit déjà dit de son assassin : « Qu'ai-je fait à cet homme? C'est peut-être un » homme que j'ai offensé sans le vouloir ».

On peut bien dire aussi que le roi Ezéchias espéra de Dieu sa guérison, jusqu'au matin, qu'elle lui fut accordée; au lieu que notre Prince désespéra de vivre, dès qu'il se sentit blessé vers onze heures du soir. Qu'auroit-il donc pu espérer jusqu'au matin? ce qu'il avoit d'abord demandé avec tant d'ardeur, et qu'il mérita d'obtenir enfin : un prêtre, le Roi et son salut. Le premier qui arriva auprès de lui fut Mgr. l'évêque de Chartres, son confesseur. M. le curé de Saint-Roch vint ensuite avec les saintes hui-les et les paroles de consolation. Après eux, enfin, le Roi se présenta, et le Prince mourant parut alors revivre. « Mon oncle, lui dit-il, donnez-moi votre » main, que je la baise pour la dernière fois ». Le

» Roi lui donna sa main à baiser, et baisa celle du
» Prince, qui saisit cette occasion si favorable pour
» lui demander la grâce de son meurtrier. Il n'en
» avoit pas d'autre alors à solliciter ou à attendre ».

Après s'être confessé, et avoir reçu l'absolution,
il auroit aussi désiré communier en viatique ; mais
son confesseur lui ayant représenté qu'il ne le pouvoit, à cause de ses vomissemens, le Prince s'y rési-
gna, fit un signe de croix, et attendit l'extrême-
onction, qu'il reçut des mains du curé de Saint-
Roch avec une piété surnaturelle (16).

Quelle honte pour tous ceux qui n'appellent plus
un prêtre que pour des agonisans ! souvent même
pour des morts, de peur seulement qu'on ne leur
refuse la sépulture, et on se dit encore chrétien !....

Enfin, ce prince n'auroit-il pas eu une autre espérance, qui ne se réalisa pourtant que ce même
matin de son décès ? On lui annonça que les maré-
chaux étoient arrivés. « J'espérois, dit-il alors, *spe-*
» *rabam*, verser mon sang au milieu d'eux pour la
» France » ! Mais.....

CHAPITRE XIII.

Quasi leo sic contrivit omnia ossa mea.
Comme un lion, c'est ainsi qu'il a brisé tous mes os.

Tous les textes s'accordent ici avec la Vulgate, à
l'exception du grec qui dit : En ce jour, j'ai été livré
comme à un lion ; ainsi, il a brisé tous mes os : et du
chaldaïque, qui porte : Je rugissois jusqu'au matin,
comme un lion qui rugit, et qui brise les os d'un
animal ; ainsi tous mes os sont brisés, à cause de la

douleur. Tout malade aux abois dira bien avec Ezéchias : La fièvre a brisé tous mes os; ce qui s'entend en figure.

Mais la comparaison d'une maladie à la fureur d'un lion enragé, ou affamé, a ici un tout autre sens qui saute aux yeux et fait image. Qu'on se représente donc un lion sortant de son antre, où il se tient en embuscade, pour s'élancer par derrière sur un homme debout qui ne s'y attend pas. Il mettra d'abord une de ses pattes sur son épaule, l'autre contre son flanc, et avec ses dents il lui déchirera les côtes. Tel fut Louvel, lorsqu'il sortit en courant de la rue Rameau, où il s'étoit embusqué derrière des voitures. Se jetant sur le Duc de Berri qui lui tournoit le dos, il le saisit fortement par l'épaule gauche, et, élevant le bras au-dessus de l'épaule droite, il lui enfonça au-dessous du sein droit, entre la septième et la huitième côte, un instrument de fer aigu à deux tranchans, lequel pénétra le corps du Prince, avec tant de force et de violence, dans toute sa longueur jusqu'au manche de bois, qu'il traversa les parois de la poitrine, le poumon droit, le péricarde de l'oreillette droite du cœur, et le centre nerveux du diaphragme. A ce coup de mort, quel homme auroit jamais pu survivre, je ne dis pas une heure, mais une minute, un seul instant? Aussi, tous les médecins qui furent témoins de ce prodige, à l'ouverture de son corps, y virent et adorèrent le doigt de Dieu, qui seul avoit pu prolonger sa vie, par le plus étonnant des miracles.

Est-ce donc là vraiment ce qu'on peut et qu'on doit entendre par ces paroles : Il a brisé tous mes os, ainsi qu'un lion auroit pu faire (17)? Car, enfin, qu'auroit fait de plus un lion acharné sur le Duc de Berri, en déchirant son corps, et le privant de la vie? Je conviens que son assassin, avec sa lame de fer, ne brisa point alors tous les os du Prince, comme un lion irrité auroit pu les briser avec ses dents molaires; mais, par là même qu'il lui donna la mort, n'est-il pas censé avoir moulu tous ses ossemens, qu'il a rendus à leur poussière? Laissons donc dire à ce juste, mourant innocent de la révolution, et par le bras de son satellite : L'homme qui s'est jeté sur moi comme un lion a brisé tous mes os, qu'il a réduits en poudre sous vos yeux, Seigneur! qui par lui avez commencé a me détruire.

CHAPITRE XIV.

De manè usque ad vesperam finies me.
Du matin jusqu'au soir vous me finirez.

L'HÉBREU dit ici : Du matin jusqu'au soir, vous me ferez mourir; ce qui suppose une mort violente; et Louvel, qui depuis six ans cherchoit l'occasion de tuer le Duc de Berri, s'y résolut enfin à son lever, le 13 février au matin, et, l'ayant guetté tout le jour, il le poignarda sur le soir.

Le syriaque dit : Vous m'avez livré du matin au soir. J'ai donc été livré en trahison, dit l'arabe ; et le grec des Septante, entrant encore mieux en notre sens, dit : Livré en ce jour-là, dès le matin, comme à un lion, il brisa ainsi tous mes os; car je lui fus livré en trahison, depuis le matin jusqu'à la nuit. L'application de cet oracle à notre Prince n'est que trop naturelle, et n'a pas plus besoin d'être développée que celle du texte chaldaïque qui lui faisoit dire : Enfin, mes jours et mes nuits sont consommés.

Au reste, cette répétition de la même prière à Dieu n'est pas ici sans mystère. Moïse a dit des jours de la création : Du matin au soir fut fait le premier jour ; ainsi que des six autres, et de tous ceux qui les ont suivis jusqu'au présent. Nos jours s'écoulent rapidement, du matin au soir ; le temps passe comme l'ombre, en cette succession non interrompue des jours, et l'éternité qui s'avance au même pas que nos heures qui nous échappent, du matin au soir, finira par nous absorber tous.

Outre ce sens, Ezéchias et le Duc de Berri, qui ont pu dire à Dieu, ainsi que chacun de nous, du matin au soir : Vous me finirez, puisque vous êtes seul ma fin dernière ; ont pu ajouter aussi : Depuis le matin où je vous rendis l'ame, jusqu'au soir du même jour où mon corps fut prêt a être mis en terre, vous avez fini ma pénible existence en ce monde (18).

De même, après ma mort, les jours, les mois, les ans, les siècles passeront successivement sur ma cendre, du matin au soir, jusqu'à ce qu'arrive enfin cette nuit éternelle pour les méchans, qui sera le plus grand des jours pour vos justes. Ah ! c'est alors que, m'appelant à votre droite, pour m'y asseoir avec vous, comblé de vos bénédictions, vous mettrez fin à toutes les vicissitudes qu'aura subies mon être, puisque vous êtes le principe et la fin de toutes choses.

J'ose le dire aussi sans flatterie, le Duc de Berri n'auroit-il pas pressenti que, tout arrivant jadis à Israël en figure de ce qui devoit se passer un jour en l'Eglise, il pouvoit emprunter d'Ezéchias ces mêmes paroles, que son historien a recueillies de

ses lèvres mourantes : « Le Prince, dit-il, ne s'é-
» toit point abusé sur le soulagement apporté à son
» état, par la vertu de cette présence du Roi qui
» ranime toujours un cœur françois. Il sentit appro-
» cher une défaillance (qui ne fut pourtant pas la
» dernière), et il dit : « C'est ma fin », *finies me.*

CHAPITRE XV.

Sicut pullus hirundinis sic clamabo.
Comme le petit de l'hirondelle, ainsi je crierai.

Aucun autre texte que celui de la Vulgate parle
ici du petit de l'hirondelle, et tous s'accordent à ne
parler que de l'hirondelle ou de la grue. Comme
l'hirondelle piaule, disent le grec et le syriaque, ainsi
je piaulois ; et le chaldaïque dit : Je gazouillois ainsi
que l'hirondelle qui a été saisie, laquelle ne fait plus
que pi, pi, comme ses petits, lorsqu'enfermés en
leur nid de boue, et encore suspendus dans les airs,
ils poussent ces cris si dignes de compassion ; cris qui
ne sont entendus que de leur parens, auxquels ils demandent ainsi le peu qui leur est nécessaire (19).

Car on sait bien que l'hirondelle qu'on n'a pas saisie, se voyant en liberté, gazouille par plaisir, et
d'un ton vif et criard ; sans justesse, ni ordre ni mesure, et d'un cri qui, ne signifiant rien, nous impor-
tune souvent beaucoup plus qu'il ne sauroit nous plai-
re, ni nous amuser. Il n'en est pas de même du cri
informe que ses petits laissent entendre ; c'est le soupir de la foiblesse et de l'innocence qui réclame au
nom de la nature, ou la présence ou le secours,
ou l'assistance des auteurs de leurs jours. En sorte
que

que c'est moins un cri forcé ou menaçant qu'une tendre, piteuse et humble prière, qui ne manque pas d'être exaucée.

Tels n'ont-ils pas été ces vœux qu'Ézéchias fit à Dieu, en fondant en larmes : « Je vous en prie, Seigneur ! souvenez-vous, je vous en supplie, que j'ai marché devant vous, en la vérité, et d'un cœur parfait, et que j'ai toujours fait tout ce qui a plu en votre présence (e). Comparez ces cris de grâce et de pardon avec ceux que le Duc de Berri poussa aussi vers le ciel ; pouvoient-ils mieux imiter l'un et l'autre les cris du petit de l'hirondelle ? Combien de fois lui dit-il, plus de cœur que de bouche : Seigneur, ayez pitié de moi ; oubliez tout le mal que je puis avoir fait, et ne vous souvenez plus que du bien que vous m'avez fait faire. Vous êtes juste, Seigneur ! je souffre ce que j'ai mérité.

Eh ! qui n'auroit pas été attendri jusqu'au fond de ses entrailles, à la vue de la large plaie dont le sang crioit si hautement vengeance, ou du moins justice ; d'entendre ce bon Prince ne demander au Roi que grâce, et grâce encore, et ne respirant plus que pour réclamer les bontés de Dieu pour soi et pour les autres ? « O mon Dieu ! pardonnez-moi, di- » soit-il, et pardonnez à celui qui m'a ôté la vie. » Vierge sainte ! faites-moi miséricorde (20). Puisse » la manière dont je péris m'obtenir la rémission de » mes péchés » !

Sont-ce là les cris d'un vautour, d'un milan ou d'un aigle qui convoitent ou qui déchirent leur proie ? ou plutôt le cri attendrissant du petit de l'hirondelle, qui implore la pitié divine dont il a tant

______

(e) IV Reg. xx, ⁊. 3.

besoin ? « Ceux qui renvoient leur conversion au
» lendemain, n'ont, dit saint Augustin, que le cri
» du corbeau » : cras, cras. Mais le Prince, déjà
converti à Dieu, se borne à lui dire : Sous la dent
du lion qui a brisé tous mes os, je crierai vers vous,
comme le petit de l'hirondelle.

CHAPITRE XVI.

Meditabor ut columba.
Je méditerai comme la colombe.

Il n'y a que la Vulgate et le grec qui disent ici : Je
méditois ; car l'hébreu, le syriaque et l'arabe s'accordent à dire : Je gémissois ; et le chaldaïque dit : Je
roucoulois comme la colombe. Aussi du même mot
hébreu, Vatable a tiré tous ces sens : « Je parlois tout
» bas, *mussitabam* ; je méditois, je soupirois, je gémis-
» sois en attendant la mort, je ne me taisois pas ; mais
» en gémissant je lâchois certaines voix obscures qui
» attestoient combien grande étoit ma douleur (21) ».
Effleurons ce mystère en en faisant l'application.
La colombe est un animal sans fiel et sans malice,
image de la candeur et de la simplicité. Nous savons
tous quel est le cri de la jeune hirondelle ; mais quel
autre que Dieu, qui l'a dit, peut connoître et expli-
quer en quoi consiste la méditation de la colombe ?
privée de l'esprit d'intelligence, n'est-elle pas aussi
incapable de raison, autant qu'il lui en faut pour méditer sérieusement ? et pourtant elle médite à sa manière. Que devons-nous conjecturer de sa méditation ?
Le retour silencieux qu'elle fait sur elle-même par
instinct avant de prendre son vol dans les airs, ou

dans le danger qui la menace, ou lorsqu'elle se voit entre les griffes du vautour.

Ainsi Ézéchias, croyant bientôt mourir, se tourna en son lit contre la muraille, disant au Seigneur de se souvenir de lui; il pria avec beaucoup de gémissemens et de larmes, en méditant sur ses fins dernières.

A son exemple, le duc de Berri ne versa point de larmes; il n'avoit déjà que trop versé de sang pour les compenser, et, ayant assez gémi en silence sur sa triste et déplorable position, « il demanda en » grâce à être changé de côté, les médecins s'y oppo- » sèrent; le prince insista, on l'entendit alors pronon—» cer à voix basse sa prière à la sainte Vierge, et quel—» ques autres paroles qui se sont perdues dans la tom—» be. On le tourna alors sur le côté gauche, selon son » désir, et presqu'aussitôt il perdit connoissance ».

Quelles qu'aient été ses méditations, ses soupirs et ses plaintes, on présume bien, par ce qu'il nous en dit, qu'elles furent toutes selon Dieu, sans fiel, sans aigreur et sans malice; témoin l'intérêt qu'il prit au salut de son assassin. « Mon oncle, dit-il au » Roi, je vous demande la grâce de la vie de l'hom—» me; le Roi profondément ému reprit : Nous en re—» parlerons. Le Roi ne dit pas oui, dit le Prince en » insistant; grâce au moins pour la vie de l'homme, » afin que je meure tranquille. Il se disoit ensuite en » lui-même : La grâce de la vie de cet homme eût » pourtant adouci mes derniers momens; enfin, lors-» qu'il ne pouvoit déjà plus parler que d'une voix en—» trecoupée, et mettant un long intervalle entre cha—» que mot, on l'entendoit dire : Du moins si j'empor-» tois l'idée que le sang d'un homme ne coulera pas » pour moi après ma mort »! C'est tout ce que nous savons de ses pieuses méditations, qu'il dut conclure par ce désir du roi David : Qui me donnera des ailes comme à la colombe? et prenant mon essor je volerai vers le ciel, et m'y reposerai en Dieu, qui me rappelle à lui.

~~~~~~

CHAPITRE XVII.

Attenuati sunt oculi mei suspicientes in excelsum.

Mes yeux se sont exténués en regardant en haut.

TOUT est encore ici plein de vérité : Mes yeux étoient élevés au Très-haut, dit l'hébreu : Les hommes ne pouvant plus lui être d'aucun secours, j'ai levé mes yeux, dit le chaldaïque ; afin qu'il me vînt ou me fût accordé du temps de la part de celui dont la majesté est dans les plus hauts cieux. Le grec et l'arabe disent : Mes yeux ont défailli, se sont consumés en regardant au haut du ciel, vers le Seigneur qui m'a tiré du péril, et m'a ôté la douleur, (non du corps, mais de l'ame.) J'observe seulement que le grec dit : J'ai médité en moi-même comme la colombe, car mes yeux se sont épuisés à regarder en haut, vers le Seigneur ; et l'arabe dit aussi : J'ai médité (pourquoi), parce que j'ai consumé mes yeux en regardant la hauteur du ciel, vers le Seigneur ; d'où il suit que sa méditation a été et la cause et l'effet de la droite intention figurée par les yeux (23).

Or, jamais nos yeux ne sauroient devenir plus petits qu'ils ne sont, à force de regarder le ciel, le soleil, les astres ; mais la vue pourroit en souffrir, s'affoiblir et nous manquer. Ce n'est donc qu'une figure pour nous signifier qu'Ézéchias avoit déjà tant levé ses yeux au ciel, d'où il attendoit sa guérison,
~~~~~~

que de lassitude il auroit pu bientôt en perdre l'usage, surtout ensuite de sa maladie.

Eh ! combien de fois le duc de Berri, en son lit de douleur, ne leva-t-il pas ses yeux, son cœur, son esprit et toutes ses intentions avec ses espérances, vers ce même ciel, alors devenu l'unique objet de ses vœux et de tous ses désirs ? Ne crut-on pas voir en lui un autre saint Martin, cherchant déjà de tous ses yeux au ciel la place qui lui étoit destinée ? et traçant à son ame la route qu'elle devoit suivre pour aller au plus tôt l'occuper ? « Il est écrit que partout où » il portoit ses yeux demi-éteints, c'étoit pour don- » ner une marque de bonté ou de reconnoissance » ; mais quand au plus fort de ses douleurs il les le- voit en haut, avec quelle vive expression de piété, de ferveur, de résignation et même de joie, ne les y tenoit-il pas fixés ? La mort le surprit en cet état, ayant encore les yeux ouverts, et ne voyant déjà plus que Dieu seul en toute sa gloire : ainsi meu- rent les justes que Dieu rappelle à soi.

» Les Princes prièrent alors le Roi de se retirer. » Je ne crains pas le spectacle de la mort, reprit le » monarque, j'ai un dernier devoir à rendre à mon » fils ; et, s'approchant du lit, il ferma les yeux et » la bouche du Prince, lui baisa la main, et se retira » sans proférer une parole » ; depuis lors ils ne se sont plus ouverts, ces beaux yeux bleus ; donc le Prince a pu dire : J'ai perdu l'usage de ma vue en regardant le ciel, et dans toute l'effusion de mon cœur profondément contrit et humilié, et, conser- vant toujours dans la patience chrétienne mon ame froissée par les douleurs, j'ai dit :

CHAPITRE XVIII.

Domine, vim patior.
Seigneur, je souffre violence.

D'AUTRES ont lu : Je souffre violemment, gravement, cruellement ; et l'hébreu dit : Il m'a fait violence ; qui ? le mal, l'homme, Louvel ; et Forérius a traduit: « J'ai été trompé, pris en fraude, *defraudatus sum ;* » et il ajoute : La fraude est, ou se fait avec une » certaine violence. La Vulgate n'a donc pas mal dit : » Je souffre violence, ou de la fraude qu'on m'a » faite ; on peut donc tourner ainsi la phrase, comme » pour signifier que le patient se plaint à Dieu d'a- » voir été ainsi avant le temps prévenu par la mort ». Qui avoit inspiré à ce savant ces grands traits de lumière qui, assez étrangers à Ezéchias, conviennent si bien au duc de Berri, surpris en fraude, poignardé sans qu'il s'en aperçût, et si furieusement torturé par ses douleurs, qu'il dit et répéta souvent : Je me meurs, que je souffre ! je souffre cruellement, de la profonde blessure qu'on m'a faite, *vim patior* (27)?

Si, avant qu'Isaïe eût apporté son remède à l'ulcère d'Ezéchias, ce bon roi dut beaucoup en souffrir, notre Prince a bien dû souffrir davantage de sa mortelle blessure, alors qu'il en retira le fer que suivit un ruisseau de sang, qui rejaillit jusque sur son épouse. Quel oracle avoit donc prédit aussi, à cette autre mère des douleurs, que la même épée qui perceroit le cœur de son époux transperceroit son ame ? N'avoir pas succombé, l'un au coup accablant de la mort, l'autre, au contre-coup qui auroit dû l'entraîner dans la même tombe ; tout cela ne tient-il pas de l'héroïsme, et du miracle réservé à la foi ?

Voyons et écoutons le prince étendu en agneau demi-égorgé, sur l'autel sanglant où il consomme son sacrifice. Quand M. Dupuytren entra, il le vit couché sur le côté droit. « Sa pâleur, ses traits altérés, » sa respiration courte, le gémissement qui s'échap- » poit de sa poitrine, la sueur froide qui couvroit » son front, le désordre de ses mouvemens, le boule- » versement de son lit, le sang qui inondoit ce lit, » et plus que tout cela l'horrible blessure qui se pré- » sentoit à découvert, frappèrent de consternation » un homme pourtant accoutumé au spectacle des » douleurs humaines.

» Le Prince lui tendit affectueusement la main, » en lui disant qu'il souffroit cruellement; *vim patior.* » M. Dupuytren l'interrogea sur son état, et, ne pou- » vant en obtenir de réponse, il pria la duchesse de » Berri de lui adresser telles questions ; alors, se » penchant sur le lit de son époux, la princesse lui » dit : Je vous en prie, mon ami, indiquez-moi l'en- » droit où vous souffrez. Ranimé à cette voix si chère, » le prince prit la main de son épouse, et la posa » sur sa poitrine. La duchesse reprit : C'est là que » vous souffrez? Oui, répondit le prince avec peine, » j'étouffe, *vim patior* ».

Quand on porta le fer dans sa plaie pour l'élargir, le prince auroit voulu s'épargner ce surcroît de dou- leurs, qu'il prévit devoir lui être inutile. Son épouse en pleurs lui ayant dit : Mon ami, souffrez pour l'a- mour de moi, il souffroit tout, sans se plaindre autre- ment qu'en cette forme de prière : Que je souffre ! Seigneur, que je souffre ! *vim patior.*

CHAPITRE XIX.

Responde pro me.
Répondez pour moi.

CE mot, répondre à quelqu'un ou pour quelqu'un, est équivoque en françois, et veut dire, soyez sa caution, ou répliquez à sa demande ; et c'est dans ce double sens que la Vulgate et l'hébreu l'ont pris. Répondez non à moi, mais pour moi, sous-entendu à votre justice, sur votre miséricorde, car mes dettes envers elle sont si grandes, que je ne pourrai jamais les acquitter, si vous n'êtes mon répondant et ma caution, et mon garant au besoin où je suis; prenez ma cause en main, et ma défense envers et contre tous, pour moi qui vous invoque.

Mais Forérius a vu bien encore plus loin en ce texte : Cautionnez pour moi, dit-il, mettez-moi en pleine sûrté, recevez-moi en votre sauve-garde et tutelle, réprimez la violence du mal, et la tyrannie de la mort. Tous ces beaux sentimens ne furent pas étrangers à l'ame du duc de Berri, en son agonie (25).

Ce qui m'étonne bien plus encore, c'est le sublime développement que le même Forérius donne à cette même idée, faisant dire à Dieu, par Ezéchias : Faites à présent qu'ils restent en repos, ces miens adversaires, comme devant bientôt m'enlever de ce monde, les jours de ma vie étant remplis. Ne croiroit-on pas entendre dire à notre Prince avant de mourir : Puisque je suis le septième de ma maison, que la révolution a dévoré, faites que ces miens ennemis se reposent enfin de leurs forfaits, *fac ut quiescant isti adversarii mei*; au moins à présent qu'ils vont me jeter au tombeau, après avoir abrégé mes jours; *quasi impletis diebus vitæ meæ me ablaturi.*

Par la bouche d'Isaïe, Dieu répondit aussi pour Ezéchias souffrant, lui disant à lui-même : J'ai entendu ton oraison et vu couler tes larmes; voici donc que j'ajouterai encore quinze ans à tes jours (*f*).

Au duc de Berri, Dieu répondit intérieurement sur cet autre ton : Bienheureux ceux qui, comme vous, souffrent la persécution des méchans à cause de leur amour de ma justice, parce que mon royaume des cieux est à eux, ou leur appartient de droit.

Au dehors, Dieu répondit aussi à tous ses adversaires, en diverses manières, qui durent bien les humilier; aux uns par les cruels remords du ver rongeur, qui déchiroit leur conscience; aux autres par les plus terribles menaces de son prochain jugement; à ceux-ci par les malédictions de toute la France; à ceux-là par les bénédictions publiques avec lesquelles l'église et le monde accompagnèrent le prince mort jusque dans les tabernacles éternels, c'est là que tous les amis qu'il s'étoit faits dans les pauvres l'ont reçu en triomphe parmi les anges et les saints.

Enfin, Dieu répondit pour lui à son atroce bourreau, par l'organe des juges, qui, le condamnant par sa propre bouche, le livrèrent au glaive. Telle fut la réponse que le ciel en sa justice donna alors au monde, sur cette prière que lui en fit le prince : Répondez pour moi, Seigneur, qui m'en remets à vous pour me disculper et me défendre de la malice de tous mes agresseurs.

(*f*) Isaiæ, xxxviii, ℣. 20.

CHAPITRE XX.

Quid dicam ?
Que dirai-je ?

Qu'est-il besoin de parler, dit ici l'hébreu ? Si j'ai erré en quelque chose, dit saint Jérôme, je me convertirai à faire mieux ; et le chaldaïque dit : Seigneur, recevez ma prière, et faites ce dont je vous supplie, (pardonnez-moi) ; quelle louange lui donnerai-je, et que dirai-je devant lui. Sauvez-moi, Seigneur, dit le syriaque, et usez de plus de douceur envers moi. Enfin l'arabe dit ici de Dieu : Il m'a dit ce que je dois moi-même dire (à lui et aux hommes).

Aussi Ezéchias, qui ne savoit comment s'y prendre pour louer Dieu, le remercier et le bénir des grâces qu'il lui avoit faites, fut-il inspiré du Saint-Esprit, qui lui dicta ce beau cantique qu'il nous a récité et transmis ; et qui oseroit douter que Dieu n'ait aussi mis dans l'esprit du Duc de Berri tant de belles choses, de pensées chrétiennes et de divines sentences, qui sont sorties les dernières de sa bouche ? Avant qu'il fût malade, Ezéchias avoit-il jamais pensé à la prière qu'il fit alors à Dieu, ni à son cantique d'action de grâce (qui retentit encore en nos églises) ?

De même le duc de Berri n'avoit jamais certes ni médité ni prévu les sublimes leçons qu'il nous donna, les tirant de son cœur ouvert par le poignard, comme celui de Jésus-Christ le fut après sa mort par la cruelle lance. Car enfin, dans l'état d'angoisse et de perplexité où il se trouva alors, si on l'eût interrogé sur ce qu'en pareil cas il devroit dire, n'auroit-il pas aussi répondu avec autant de franchise que de foi et de naïveté : Que dirai-je? Voici pourtant ce qu'il a dit de plus beau en notre sens (26).

« Il demanda si le coupable de sa mort étoit un
» étranger ; on lui répondit que non? Il est cruel, dit
» le fils de France, de mourir de la main d'un Fran-
» çois. Que faites-vous, mon ami? dit-il à celui qui suça
» le sang de sa plaie avant d'y appliquer les ventouses;
» la plaie est peut-être empoisonnée. Voyant ses
» domestiques éplorés au pied de son lit : Mon père,
» dit-il à Monsieur, je vous recommande ces braves
» gens, et toute ma maison; en voyant M. de Nan-
» touillet : Viens, mon vieil ami, s'écria-t-il en fai-
» sant un effort, que je t'embrasse encore une fois;
» passant sa main sur les cheveux de son épouse : Ma
» pauvre femme, lui dit-il, que vous êtes malheu-
» reuse » ! La duchesse, qui avoit depuis long-temps
fait violence à sa douleur, la laissa enfin éclater : « Ses
» sanglots me tuent, s'écria le prince, emmenez-la,
» mon père » (Quel terrible essai d'une éternelle séparation) !

Eh! que ne dit-il pas pour sauver le monstre qui l'avoit poignardé? S'adressant tour-à-tour à son père et à son frère : « Promettez-moi, mon père, dit-il,
» promettez-moi, mon frère, de demander au Roi la
» grâce de la vie de l'homme; et, dès que le Roi fut
» venu, il la lui demanda avec tant d'instance, qu'à
» la septième fois son confesseur dut lui dire: Mon
» prince, la religion vous ordonne de pardonner, et
» rien de plus ». Il cessa alors de parler grâce pour l'homme, et ne s'occupa plus que de son salut propre; cet état d'anxiété, d'inquiétude et de peine d'esprit, qui interceptoit ses paroles, ne cria-t-il pas très-haut : Que dirai-je au Seigneur qui m'interroge si durement par les plus vives douleurs? *quid dicam ?*

CHAPITRE XXI.

Aut qui respondebit mihi, cùm ipse fecerit?
Ou que me répondra-t-il, puisqu'il l'a fait lui-même?

LE Prince ne pouvoit pas accuser le ciel ni lui demander pourquoi il le traitoit ainsi; (parce que le vase dit-il au potier : Pourquoi m'avez-vous fait de la sorte?) mais qu'il eût été pardonnable de se plaindre de sa destinée aux hommes sensibles à son malheur!

« Car enfin quel mal nous faisoit-il? il vivoit fami-
» lièrement au milieu de nous, dans une simplicité
» parfaite. Il se mêloit à nos plaisirs, et soulageoit
» nos douleurs, et, pour récompense de ses bien-
» faits, il ne nous prioit que de le laisser vivre ob-
» scur, en attendant qu'il devînt notre bon maître;
» mais Dieu qui le châtioit pour son salut »!

Ah! il ne lui fut permis que de dire en tremblant : Répondez pour moi, car je ne sais plus qu'en dire; que me répondriez-vous d'ailleurs sur le mal que vous m'avez fait vous-même ?

L'hébreu est ici du plus grand sens, et assez suivi : Seigneur, dit-il, l'homme m'a fait violence; cautionnez ou assurez-moi (le salut), et il m'a dit (je té l'assure); et il l'a fait (en me sauvant).

Le chaldaïque dit ici de Dieu : Que lui dirai-je? car il n'a pas cessé de me faire du bien; en quoi le servirai-je donc, et en quoi pourrai-je le lui rendre? Ces pensées sont aussi dignes d'Ezéchias que du Prince animé de tout son esprit.

Mais le syriaque l'emporte sur ces textes, en

disant à Dieu : Conservez-moi, traitez-moi avec bonté, et dites-moi ce que je dois dire ; car il a tout fait lui-même, et il a éloigné de moi tout sommeil. Et l'arabe ajoute : Il me l'a ôté subitement. Quelles vérités! Dieu a éloigné de moi et m'a ôté tout sommeil. Est-ce à présent même ou depuis tant de siècles que ces paroles sont écrites?

Dieu a donc fait voir au roi Ezéchias et au Duc de Berri tc . . le bien et le mal qu'ils ont reçu, et, n'ayant pas de raison à leur en donner, que dut-il leur répondre? Rien. Aussi garda-t-il le silence. On sait que la maladie d'Ezéchias lui vint de Dieu, qui voulut ainsi lui faire expier ses péchés, et accroître ses mérites. Mais le Prince, frappé par celui pour qui Dieu ne fut qu'un mot, put-il dire aussi que le coup qui lui fut alors porté lui vînt aussi de Dieu même (27)?

Sans doute, l'homme n'a pu le tuer qu'autant que Dieu le lui a permis alors, et non auparavant ; de cette manière, et non de telle autre : car il ne s'agit ici que de la violence que le Prince a soufferte par le fer homicide ; violence que Dieu lui-même lui a faite, sans daigner lui en rendre raison, étant maître de la vie et de la mort.

Satan n'avoit-il pas suscité les Chaldéens, les Sabéens et autres brigands, au pillage de toutes les substances de Job, malgré son innocence? et Job, ne se plaignant ni de Satan, ni des bandes qu'il eut à ses ordres, dit : Le Seigneur me l'a donné, le Seigneur me l'a ôté. Et lorsque Satan en personne l'eut frappé d'un ulcère le plus malin partout le corps, Job dit encore : Si nous avons reçu les biens de la main du Seigneur, pourquoi n'en recevrions-nous pas aussi les maux?

La permission donnée à Satan est ici le fait de Dieu même (g).

De plus, Séméi fait des imprécations, prises ici pour le fait, contre David; il l'accable d'injures, il lui lance des pierres ; et ce saint roi dit à ceux qui veulent l'en venger : Le Seigneur lui a commandé de me maudire, et il n'agit que d'après ses ordres (h). Dieu se servit donc de la malice de Séméi pour achever de sanctifier David, comme il a usé de la scélératesse de Louvel pour consommer la sanctification du Prince.

« Aussi Forérius a-t il tiré de ce texte : Que dirai-
» je, et que me répondra-t-il sur cela, puisqu'il l'a
» fait lui-même? Ces propres sentimens que nous
» donnons au juste, en écrivant ceci, sont comme s'il
» disoit : Qu'est-il besoin ici de paroles? qu'ai-je à
» me plaindre de mon mal ? qu'ai-je à en dire au
» Seigneur mon Dieu? et sur cela que me répondra-
» t-il, puisque c'est lui-même qui m'a envoyé cette
» maladie »? et ce savant étoit d'un autre siècle.

Le Duc de Berri, aussi religieux qu'Ezéchias, ayant vu la main de Dieu en son assassin, et n'attribuant son mal qu'à ses péchés, dut donc se pénétrer du même esprit de componction, et lui dire : Seigneur, qui êtes si juste en vos jugemens, recevez ici l'expression de la douleur que j'ai conçue de vous avoir tant offensé; et puisque si j'entreprends de me justifier devant vous, ma bouche me condamnera, je préfère me confesser coupable.

(g) II Job. vii, ℣. 10.
(h) II Reg. xvi, ℣. 10, 11.

CHAPITRE XXII.

Recogitabo tibi omnes annos meos in amaritudine animæ meæ.

Je vous rappellerai tous mes ans dans l'amertume de mon ame.

Que le Seigneur ait pitié des amertumes de mon ame, dit ici le texte syriaque; et l'arabe : Le Seigneur a regardé en l'amertume de mon ame, et me l'a adoucie. Ce qui est aussi vrai d'Ezéchias que de notre Prince, merveilleusement consolés par le Seigneur en leur amère pénitence.

Le chaldaïque dit : Que rendrai-je à Dieu pour tous les ans qu'il a sur-ajoutés à ma vie?

Par un miracle, Dieu accorda quinze ans de plus à Ezéchias, et au Duc de Berri sept heures. Et dans ce court espace que d'années! que d'années saintes n'a-t-il pas vécu pour la vie éternelle!

Je divaguerai, dit l'hébreu, dans toutes mes années (passées) sur l'amertume de mon ame, c'est-à-dire, je parcourrai en esprit tous les temps que j'ai passés dans le péché, afin d'en briser mon cœur, et devant vous en affliger mon ame. C'est ce qu'on appelle, en l'Eglise, examiner devant Dieu sa conscience, pour faire au prêtre une bonne confession de tous ses péchés. Nos pères l'ont ainsi entendu dans tous leurs écrits et leurs conciles (28).

En sa prière publique, Ezéchias ne rappela à Dieu que ses bonnes œuvres. Ce ne fut donc qu'en son cœur qu'il lui confessa tous les ans qu'il avoit mal vécu. Car ce n'est que de nos écarts que nous pouvons nous accuser devant Dieu, dans

l'amertume ou la contrition de nos ames. Et notre Prince fit plus encore que ce roi pénitent. Il se tut sur toutes ses bonnes œuvres qui étoient immenses, et ne se rappela, devant Dieu et son ministre, que des péchés qu'il pouvoit avoir commis. « Cherchant en vain dans sa conscience, est-
» il écrit, quelque chose de bien coupable, et n'y
» trouvant que quelques foiblesses que la religion
» réprouve, et que la fragilité humaine excuse,
» il voulut, pour ainsi dire, les rassembler autour
» de son lit de mort, pour justifier au monde la
» grandeur de son repentir et la rudesse de sa
» pénitence ». Approchez, mondains, et voyez.

Dans le scrupuleux examen de ses fautes, ne dut-il pas répéter avec saint Augustin en ses confessions : O Dieu ! je veux vous rappeler toutes mes ordures passées, et les dissolutions de mon ame ; non que je les aime encore, mais afin qu'en m'humiliant je vous en aime davantage. Oui, Seigneur, je fais cela pour l'amour de vous, dans l'amertume de mon souvenir, afin de mieux goûter à présent vos douceurs infinies.

Ne soyons donc pas surpris si ce grand Prince, ainsi contrit et humilié de ses fautes, que l'approche du jugement de Dieu parut lui grossir, ne se borna pas, comme les pénitens ordinaires, à les déclarer en secret au prêtre pour en obtenir l'absolution ; il s'en confessa d'abord en général, ensuite sacramentellement plus en détail à Mgr. l'évêque de Chartres ; enfin, à tous les assistans, par une confession publique, se croyant un de ces grands pécheurs à qui l'Eglise en faisoit un devoir. La contrition qu'il en eut dut donc être bien grande pour que l'amertume de son ame éclatât ainsi au

dehors

dehors. Aussi vaste que la contrition de la fille de
Sion, elle fut comme la mer qui reflue sur ses
rivages quand la tourmente soulève tous ses flots.

Il auroit fallu le voir se disposant à la récep-
tion du dernier sacrement, récitant son *Confiteor*,
avec quelle piété! et rappelant à Dieu, aux anges
et aux saints, qui les effaçoient à mesure, tous ses
péchés de pensées, de paroles et d'actions. Qui put
s'empêcher de frapper aussi sa poitrine, quand
on vit (cet autre publicain, déjà justifié, frapper d'une main pénitente, comme très-coupable
par sa faute, oui par sa faute, et sa très-grande
faute,) « ce sein que le poignard ne sembloit
» avoir ouvert que pour en faire sortir, avec le
» sang de saint Louis, les plus innocens secrets,
» et l'affluence des plus héroïques vertus » ? Hélas !

CHAPITRE XXIII.

Domine, si sic vivitur.
Seigneur, si c'est ainsi que l'on vit.

Forérius a trouvé le sens le mieux suivi en tous
ces textes : « Que dirai-je à Dieu, ou que me ré-
» pondra-t-il sur le mal qu'il m'a fait lui-même ?
» Je n'ai donc rien de mieux à dire, et rien autre
» à faire qu'à repasser, sur l'amertume de mon
» ame, combien d'années j'ai vécu (en pécheur),
» et dire à Dieu en sanglotant : Seigneur, si c'est
» ainsi que l'on vit entre le bien et le mal, entre
» le péché et la grâce, ordonnez que mon esprit
» soit reçu en paix ».

L'hébreu offre ici un autre sens aussi adorable;

ayant dit : Je divaguerai sur tous mes ans, il ajoute :
Au-dessus de ceux-ci ils vivront; ou, selon Forérius et Vatable : La plupart des hommes ont coutume de vivre bien au-delà de ces ans (40 ou 42)
que vous m'avez constitués de vie, et voici pourtant que je meurs d'une mort imprévue.

Ah! si c'est ainsi que l'on vit, Salomon fut
bien sage de louer plus les morts que les vivans.
Quelle vie est donc la nôtre! et le repos du sépulcre n'est-il pas préférable à tant de peines et
d'agitations, si c'est ainsi qu'on vit en ce monde?
On sent bien que ce peu de mots renferme éminemment combien de choses et de grandes choses
à dire! Et qui sera capable de les saisir, et de nous
les suggérer? est-ce gémir sur le passé, souffrir
au présent, craindre pour l'avenir? C'est l'ensemble
de tout cela, et beaucoup plus encore. Est-il donc
une exclamation plus sérieuse et aussi éloquente
en nos livres saints? et cette mystérieuse réticence,
que ne dit-elle pas à Dieu qui l'a inspirée, et
aux hommes qui savent la méditer (29)?

Si c'est ainsi que l'on vit, même dans les palais
des grands et des rois, qu'est-ce donc que notre
vie? dit l'apôtre saint Jacques. C'est une légère
vapeur qui s'enflamme dans les airs, paroît un
instant, et se dissipe ensuite. Si nous n'étions
condamnés à vivre de la sorte dans les chagrins,
les craintes, les périls, les tentations et les douleurs, que pour mourir enfin plus ou moins miséra-
blement, sans trop savoir si nous sommes dignes
d'amour ou de haine; seroit-ce une grâce que
Dieu nous auroit faite de nous avoir ainsi tirés
du néant pour nous livrer aux souffrances, à la
mort, peut-être même à l'enfer? et n'auroit-il pas

mieux valu pour nous n'être jamais nés, n'avoir pas vu le soleil, ni connu la distance du bien et du mal, comme l'avorton qui n'a jamais vécu?

Mais Dieu a voulu nous créer à son image pour nous attacher à son service, et, par la patience en nos maux, nous faire mériter le ciel. Car ce n'est que pour cela que nous vivons, et souvent dans les afflictions et les misères qui opèrent en nous le plus grand poids de gloire. Ezéchias le savoit bien, que, si nous n'eussions été faits que pour jouir seulement de cette triste vie, ce n'étoit pas la peine de naître; et le Prince, qui reconnut si bien le néant des grandeurs et de nos folles réjouissances, tint alors si peu à la vie, qu'il en offrit volontiers le sacrifice à Dieu en expiation de ses fautes; et, au lieu de se plaindre de ce que tant d'autres plus ou moins pécheurs vivoient ici bien plus que lui, il se contenta aussi de dire au Seigneur, qui l'appela en son règne : J'accepte la mort, si c'est ainsi que l'on vit.

CHAPITRE XXIV.

Et in talibus vita spiritûs mei.
Et si la vie de mon esprit est en telles choses.

Au-dessus de ces ans, dit l'hébreu, d'autres vivront, et dans eux tous (ont été, sont ou seront) les vies de mon esprit. Quelles sont ces vies de notre esprit qui se passent dans tous nos ans, sinon celle d'une ame qui vit en Dieu, de foi, d'espérance et d'amour; et qui ensuite vit en sa chair, de péché, de remords et de crainte? Nous avons donc un esprit qui vit en soi et de plusieurs vies, indépendamment des organes sensuels qu'il dirige à son gré, dans leur vie animale.

En conséquence, nous avons aussi deux vies : celle du corps, dont il ne s'agit point ici ; et celle de l'esprit, qui est la principale. Toujours l'une contrarie l'autre ; et leur contrariété nous rend tous ici malheureux. Si, privés de la raison, nous n'avions que la vie animale des sens, nous pourrions en repos jouir de nous-mêmes ; mais, avec une ame raisonnable, nous sommes pleins de passions. Où trouver donc le bonheur ? En soumettant la chair rebelle à la vie de l'esprit assujetti à Dieu. Mais cette vie de l'esprit, en l'homme juste, est sujette à tant de dangers, de traverses et de contradictions ! Que n'eut pas à souffrir la piété d'Ezéchias des efforts de Senna-chérib, et des blasphêmes de Rabsacès ? Dieu l'en délivre, et il le visite par des infirmités. Il l'en guérit, et, en punition de sa vanité à montrer ses trésors, il le menace des armes de Babylone : en telles choses dures fut donc la vie de son esprit jusqu'à sa mort (30).

Beaucoup plus éprouvé en sa vertu, le Duc de Berri essuya, dans sa vie, des vicissitudes bien plus cruelles à torturer son esprit si élevé en ses malheurs. Il avoit à peine respiré l'air de la Cour, qu'il fallut le soustraire furtivement à la révolution avec son frère. Nous reviendrons en France, dit-il ; et de la Belgique il passa à Turin, où il s'exerça au maniement des armes, dans l'intention de délivrer son roi, et de sauver son pays. Il eut l'honneur d'aller au premier feu devant Thionville. « Après la retraite des alliés, il fut

» joindre l'armée de Condé, qui en étoit à sa
» troisième campagne, et fut de toutes les autres
» qui suivirent. A la nouvelle de la mort de Louis
» XVII, le Duc de Berri reconnut Louis XVIII
» avec toute l'armée des Princes, éleva le dra-
» peau blanc sur le pavois, et proclama, le pre-
» mier, le roi qui dut lui fermer les yeux ».

Quand Buonaparte eut fait sa paix avec l'Au-
triche, le Prince dut suivre le sort de son roi,
et s'échapper avec lui de l'Allemagne, sortir ensuite de la Pologne, quitter enfin l'asile de Mit-
teau. Lorsque Souvarow fondit en lion sur l'Italie,
le Duc de Berri fit quatre cents lieues avec l'armée de Condé pour venir se mesurer avec les
républicains à Constance; et les Russes s'étant re-
tirés, pour le malheur de l'Europe, il se réfugia
en Angleterre, avec sa royale famille, où il vécut
en repos après avoir tenté en vain quelques des-
centes sur nos côtes.

Enfin, l'heure si désirée de la restauration du
monde, par la pacification de la France, étant
venue d'en haut, les François rappelèrent leur légitime souverain; le Prince revint à Paris avec
lui et sa famille. Dix mois après, il fallut l'ac-
compagner encore, en bravant tous les périls,
dans les Pays-Bas, d'où il revint à sa suite, après
les cent jours, dans la capitale, pour y trouver
quelle vie plus douce!.... et quelle mort plus
désastreuse! Forérius dit ici : En somme je ne
vivrai pas au-delà de ce jour. Et le Prince, im-
patient de voir arriver le Roi, dit : Je n'aurai pas
le temps de lui demander grâce pour la vie de
l'homme. Qui, mieux que lui, a donc pu dire
à Dieu : Seigneur, qui nous avez créés pour vous,

et non pour vivre à nous-mêmes, à quoi bon, si en de telles choses est la vie de mon esprit ?

CHAPITRE XXV.

Corripies me.

Vous me corrigerez.

L'HÉBREU dit : Vous me guérirez. Ce qui peut s'entendre du corps ou de l'ame, ou de l'un et de l'autre ensemble ; comme il arriva à Ézéchias, et en partie à notre Prince, qui vit périr son corps pour le salut de son ame.

Car l'infirmité de ce roi ne dut pas le mener à la mort de suite, mais à la plus grande gloire de Dieu, qui ne voulut que le corriger en le châtiant ; puisqu'il lui rendit la santé, et prolongea de beaucoup sa vie.

Sous un autre rapport, Dieu en usa de même envers le Duc de Berri. Son âge, son rang, et l'usage de son siècle, tout conspira, en ces jours de pompeuses extravagances, à honorer de sa joyeuse présence un spectacle et des jeux profanes que saint Louis avoit si sagement proscrits ; et pour de bonnes raisons qui sont encore présentement devenues plus fortes. Et ce fut au milieu de ces divertissemens, où le conduisit le seul plaisir de s'y trouver avec des François, que ce digne Prince fut frappé de Dieu pour sa salutaire correction (31).

Etoit-ce donc là le vrai temps, et le lieu que le ciel dut choisir pour lui donner une leçon aussi sévère ? « Le spectacle duroit encore, dit-on,

» quand on le porta mourant dans le cabinet de
» sa loge pour l'y panser à loisir. D'un côté on
» entendoit les sons de la musique, de l'autre
» les soupirs du Prince expirant de douleur. Un
» rideau séparoit les folies du monde de la des-
» truction d'un empire. Ici régnoit la douleur et
» la consternation; là on se livroit aux transports
» des plus vaines réjouissances ». Et, comme s'il
en eût fait le choix à dessein, le Prince y apprit
alors du sage Salomon, par sa dure expérience,
qu'il vaut souvent bien mieux être en la maison
de deuil qu'en celle du festin (i); parce que là,
désabusé de toutes les illusions, on enseigne à
tout venant quelle est la fin de tous les hommes,
et le vivant pense à ce qui l'attend en l'avenir.

Au pâle flambleau de sa mort, le Prince eut bientôt
et aisément reconnu le bras de Dieu, qui châtie ceux
qu'il aime; et plein de l'esprit du plus fameux roi
pénitent: Seigneur, dit-il, ne me reprenez pas dans
votre fureur, et ne me corrigez plus dans votre colère; parce que vos flèches sont entrées assez avant
en moi; et votre main s'est si appesantie sur ma
chair, qu'en vue de mes péchés, il n'y a plus de
paix à mes os. Ne suis-je pas encore assez triste et
à plaindre? Mon désir vous est connu, Seigneur!
et mon gémissement ne vous est point caché. Mon
cœur se trouble, ma force défaillit, et la lumière
s'éteint à mes yeux. Me voici prêt à recevoir vos
derniers coups, et ma douleur augmente. Je confesse mon iniquité, et fais vœu d'en faire pénitence.
Tandis que mes ennemis vivent, qu'ils sont plus
forts que moi, et qu'ils se multiplient, de pure ma-

(i) Eccle. VII, ÿ. 3.

lice, ne m'abandonnez pas, Seigneur mon Dieu ; venez à mon secours ; dites à mon ame : Je suis ton salut. C'est ainsi, je l'espère, que vous me corrigerez en bon père qui châtie son fils (*k*).

CHAPITRE XXVI.

Et vivificabis me.
Et vous me vivifierez.

A CAUSE de cette triste vie de mon esprit, dit l'arabe, guérissez-moi, Seigneur, et conservez-moi en vie ; tandis qu'il compare à la résurrection générale des morts la sanctification de ce juste, le chaldaïque lui fait dire ici, ce qui doit nous surprendre de la part de la synagogue : « Seigneur, vous avez dit » de tous les morts, que vous les rendrez à la vie, et » avant tout, vous avez rendu la vie à mon esprit, » vous m'avez guéri, et vous m'avez conservé ». Or, ressusciter un mort, est-ce un plus grand miracle à Dieu que de prolonger la vie à un homme qui naturellement auroit dû mourir sous le coup, ainsi qu'il a été reconnu en la personne du duc de Berri (32) ?

Aussi le syriaque a rendu ce texte en prière : « Ayez pitié, Seigneur, de l'amertume de mon ame, » à cause de cette sorte de vie de mon esprit, gué-» rissez-moi, et conservez-moi vivant », sous-entendu quant à l'esprit ; préservez-moi de la seconde mort.

Seigneur, dit le grec des Septante, vous avez ôté la douleur de mon ame ; car il vous a été donné avis (de l'état où elle se trouvoit), et vous avez

____

(*k*) Ps. xxxvii.

ressuscité mon esprit, et, recevant la consolation (de vous), j'ai vécu; et l'arabe, qui si souvent imite le grec, dit : A cause de l'amertume de mon ame que vous avez vue et adoucie, Seigneur! je vous en ai donné avis, et vous avez réveillé mon air vital, et ainsi fortifié j'ai vécu encore. Voilà donc toute la raison du prodige qu'on a tant admiré, en voyant le Prince blessé au cœur, et survivre pourtant, contre toutes les règles de la nature, assez de temps pour que la grâce opérât en lui tous ses effets.

La conversion d'un pécheur lui vient de Dieu; mais Dieu, qui le créa sans lui, ne peut plus le sauver sans lui, parce qu'il ne le veut pas. Pour lui rendre la vie de l'ame, morte par le péché, il faut donc que le pécheur coopère efficacement à la grâce de Dieu qui l'y presse. Ezéchias put bien lui dire : Vous me corrigerez par cette maladie, et me vivifierez, en m'accordant la guérison. Voilà pour le corps, au lieu que, pour l'ame, il sous-entendit : Vous m'aiderez à recouvrer la vie que j'ai perdue.

Ainsi le Prince, que Dieu corrigea d'une manière si dure, correspondit si bien alors à ses grâces, qu'il nous parut et mourant et ressuscité des morts, presque dans un même instant. S'il eût toujours vécu dans les exercices d'une piété exemplaire, ainsi qu'il convenoit aux enfans des saints, sa précieuse mort n'auroit produit aucun effet sur notre siècle incrédule, qu'il falloit pourtant réveiller, atterrer et confondre par ce grand coup d'éclat qui a fait tant d'honneur à sa famille, à la France, à sa religion. Qu'y a-t-il en cela de plus naturel, auroit-on dit froidement? c'étoit un fanatique obstiné qui, ne voulant pas se démentir, a soutenu jusqu'au bout son personnage. Mais qu'un jeune Prince, un vaillant guerrier, les délices de la Cour ; lui qu'on ne croyoit qu'un homme du monde, qu'un chrétien très-ordinaire, ait été tout à coup transformé en un ange de lumière, et des premiers rangs ; appelant un prêtre, et l'accueillant avec quelle foi ! sollicitant les sacremens, et les recevant avec quelle piété ! implorant la miséricorde de Dieu pour soi, et la clémence du Roi sur son bourreau, avec quelle persévérance ! C'est un de ces miracles si rares dans l'ordre de la grâce, qu'on ne s'y attendoit presque plus, au siècle où nous vivons. « Ici le prodige est partout, » l'ame du Prince est visiblement transformée en » Dieu qui l'anime de sa présence, et son corps, » épuisé par la violence de ses douleurs, semble par » la force de son ame survivre au coup de la mort ; » pourquoi n'auroit-il donc pas dit à Dieu : Confir- » mez, Seigneur, ce que vous avez opéré en moi », et, achevant de me corriger, rendez-moi digne en vous de la meilleure vie qui m'attend au trépas ?

CHAPITRE XXVII.

Ecce in pace amaritudo mea amarissima.

Voici que dans la paix mon amertume est la plus amère (33).

Est-ce donc que dans la paix, dit le syriaque, en interrogeant Dieu, les amertumes me seroient plus amères ? ou dans la paix pour les uns, y auroit-il des amertumes pour les autres ? et l'hébreu : Voici que dans la paix, amertume à moi, amertume ; comme nous dirions : Voici que dans la paix générale je ne goûte, moi seul, en la guerre qu'on me fait, qu'amertume sur amertume. Eh ! qu'y a-t-il, pour l'homme, de plus, amer que la mort; et une mort violente par le fer, de laquelle le roi des Amalécites, Agag, sous le glaive de Samuel, dit en se lamentant : O mort! amère mort! est-ce donc ainsi que tu me sépares de toutes choses (*l*)?

Or, il est d'usage en l'Écriture, qu'à chaque fois que nos prophètes disent : *Ecce*, Voici, c'est toujours pour annoncer que la scène change à leurs yeux, et qu'ils expriment ainsi leur étonnement, leur admiration, leur surprise, à la vue d'un nouvel objet, qui leur paroît plus sublime, ou étrange; et c'est ce qui arriva à Ezéchias, en cette occasion.

Car ce fut après que les cent quatre-vingt-cinq mille hommes de l'armée assyrienne eurent péri dans une nuit, par la main de l'ange exterminateur; que leur roi fut allé seul chercher sa mort à Ninive; et qu'Ezéchias, n'ayant plus d'ennemis à craindre dans le monde, fut laissé en pleine paix au milieu de son peuple, et avec tous ses voisins; ce fut alors même que lui survint la maladie qui faillit lui causer la mort. En ce sens, l'amertume de ses jours lui auroit été plus amère au sein de la paix, qu'elle ne le fut jamais au temps de guerre.

Ce fut aussi exactement dans les mêmes circonstances que notre Prince périt; après que l'usurpateur ayant vu exterminer dans une nuit, en Russie, sa grande armée, dont les débris furent encore foudroyés à Vaterloo, par le souffle de Dieu qu'il ne connut pas; après qu'il eut pris la fuite vers la mer, d'où il ne reviendra qu'alors que Pharaon et sa milice s'échapperont de la mer Rouge; tandis que le monde rétabli en son équilibre reprenoit son an-

---

(*l*) I Reg. **xv**, ỷ. 31.

cien repos, et que la France se délectoit en la multitude de paix, que le retour de son roi légitime lui
avoit méritée; le Duc de Berri nous fut enlevé.

En l'interprétation de cet oracle, saint Jérôme ne
fut-il donc pas aussi inspiré de Dieu qu'Ezéchias?
Vous avez, dit-il, donné la paix (à moi et au monde):
Pacem tribuisti; après avoir mis en déroute l'assyrien
(Sennachérib, Bonaparte): *Fugato Assyrio*. Mais ma
paix m'a été plus amère que l'amertume. Pourquoi?
Parce que la tranquillité ayant été rendue à tous
les peuples: *Quia tranquillitate populis redditâ*, moi
seul; *ego solus*, (oui, moi seul, Duc de Berri), et
la ville de Paris jouissant d'une sécurité la plus
parfaite; *et urbe securâ*; moi seul je suis entré de force
dans la région des morts, par les portes qui se sont
aussitôt refermées sur moi en la sépulture de mes
pères; *ego solus limina mortis intravi!*

N'est-ce pas ainsi que mourut le Duc de Berri,
le 14 février, peut-être le seul alors dans la capitale,
laquelle reposoit en sûreté et pleine confiance, sans
se douter encore qu'elle avoit perdu le gage le plus
sûr de son repos à l'avenir, dans la personne d'un
si grand Prince? N'est-ce pas alors même au centre
de la paix universelle des nations? Tandis que les
François ne craignoient plus de guerres civiles ni
étrangères, et que les Parisiens jouissoient d'une
sécurité imperturbable, le Duc de Berri dut mourir par le fer. Son amertume lui devint donc plus
amère par ce coup affreux de la mort, que toutes
les peines qu'il avoit déjà essuyées dans le cours de
sa vie. Lui qui avoit couru avec tant de gloire tous
les dangers de la révolution; lui qui avoit bravé tant
d'ennemis à la guerre; lui, enfin, qu'avoient épar-
gné ou respecté les baïonnettes de tous nos tyrans,

dut périr comme Abner sous le poignard d'un traître, d'un concitoyen, d'un Français! ce qui lui parut le plus dur. Oh! que cela m'est cruel, dit-il,
Seigneur, qui l'avez ainsi permis; alloit-il m'ôter la vie?

CHAPITRE XXVIII.

Tu autem eruisti animam meam, ut non periret.
Mais vous avez arraché mon ame, afin qu'elle ne pérît pas.

J'ÉTOIS abreuvé d'amertume, dit l'hébreu; mais vous,
ô Dieu! vous avez embrassé mon ame d'amour, (la
mettant) hors de la fosse d'extinction. Recevant votre
consolation, j'ai survécu, dit le grec, parce que vous
avez arraché mon ame (de la seconde mort), afin qu'elle
n'y pérît pas. Pourquoi mon ame vous fut-elle tant à
cœur, dit le syriaque, pour qu'elle ne desséchât pas
en la corruption (où elle croupissoit). J'ai survécu,
dit l'arabe, puisque vous avez conservé mon ame,
afin qu'elle ne pérît pas. Si Dieu ne l'eût pas sau-
vée, elle auroit donc péri?

Comme tout se lie ici, se suit et s'enchaîne, les
faits avec les paroles, ce qui précède avec ce qui
s'ensuit, à ne plus faire qu'un poème historique de
ce funeste événement qui souillera nos fastes! Dieu
arracha bien la vie d'Ezéchias des mains de la mort,
et même son ame des portes de l'enfer, où il alloit
descendre, en le laissant vivre quinze ans encore; mais
il n'a pas ainsi traité le Duc de Berri. Il a exigé
le sacrifice de sa vie, pour lui donner le salut de
son ame. Il a mis son salut à ce prix. C'est donc
ce qu'a si bien développé la paraphrase chaldaïque, qu'elle paroît tenir aussi de l'inspiration.

Voici, dit-elle à Dieu, que la paix se multipliera devant vous, à ceux qui opèrent (ou agissent selon votre loi), et vous amenez l'amertume aux impies. C'est pour cela que, quand j'ai connu le jour de ma mort, j'ai versé des larmes devant vous dans l'oraison, et il m'est survenu beaucoup d'amertumes ; mais vous, vous avez voulu ma vie (que vous avez reprise, en me l'arrachant), afin que vous ne fussiez point au cas de perdre mon ame (43).

Laissons donc le Prince dire à Dieu, en son agonie : Voici que j'ai eu beaucoup plus à souffrir dans la paix universelle du monde que je n'aie jamais souffert dans la guerre générale des nations ; mais vous, Seigneur ! qui aimez les ames, et voulez les sauver en leur pardonnant, vous avez arraché la mienne du péril où l'avoit jetée son imprudence, afin qu'elle n'y pérît pas éternellement ; *ut non periret.*

Ces derniers mots méritent ici l'attention la plus sérieuse ; il n'est pas dit dans le doute, et en hésitant, de peur qu'elle ne pérît, *ne periret* ; mais positivement et avec certitude : afin qu'elle ne pérît pas ; *ut non periret.* L'ame du Prince alloit donc périr infailliblement alors, si Dieu ne se fût hâté de la lui arracher, en la retirant du milieu des iniquités de la scène, capables de salir l'ame la plus pure.

Qui nous le contestera ? son ame, déjà hors d'elle-même, en sa plus folle joie, n'étoit-elle pas exposée à tous les dangers de la séduction ? entourée des filets ou pompes de Satan ? fascinée de toutes les illusions qui naissent des jeux, des concerts et des danses ? en un mot, qui ne la vit alors sur le penchant de sa ruine, à qui il ne manqua que la dernière impulsion ? En sorte que, s'il fût mort sans la grâce que Dieu lui fit de venir à résipiscence, il nous au roit tous laissés dans les plus grandes craintes et appréhensions sur son salut, qu'on auroit pu croire désespéré. En voici la preuve.

« Je prends Dieu à témoin, dit Tertullien, qu'une » femme étant allée au théâtre, en revint possédée » du démon; et, comme on l'exorcisoit en l'église, » le démon, chargé de reproches de ce qu'il avoit » osé entrer dans le corps d'une fidèle, répondit » arrogamment : « Oui : je l'ai fait avec assurance, « et en toute justice; *constanter et justissimè feci.* » La raison ?—Parce que, dit-il, je l'ai trouvée chez » moi, sur mon propre terrain; *quia in meo eam* » *inveni (m)* ».

Avis à tous les acteurs et partisans des théâtres. Le Prince vivroit peut-être encore, si l'Opéra n'eût jamais existé; et, afin qu'il n'y pérît pas tout entier, Dieu lui arracha l'ame du corps, après l'avoir arraché lui-même de la gueule de Satan, qui l'avoit déjà plus qu'à moitié englouti.

Le prêtre qu'il avoit appelé à son secours arrive avec l'ange, son conducteur, et le démon, effrayé, prend la fuite. « Soldat du Christ (M. le curé de Saint-» Roch), armé du zèle de toute la vertu de Dieu, » il emporte d'assaut l'asile dont l'Eglise lui défen-» doit l'entrée, et vient, le crucifix à la main, déli-» vrer un captif dans la prison de l'ennemi commun » de tous les hommes ». Qui mieux que ce Prince a donc pu dire à Dieu, son tout-puissant libérateur : Mon ame alloit périr, et vous l'avez arrachée à la mort, afin qu'elle n'y pérît pas?

(m) Tertul. de Spect. ch. xxvi.

CHAPITRE XXIX.

Projecisti post tergum tuum omnia peccata mea.
Vous avez rejeté derrière votre dos tous mes péchés.

La conjonction *et*, si fréquente en l'Ecriture, se lit ici dans le grec et l'arabe. La Vulgate, qui l'a supprimée à dessein, suppose donc ainsi la continuation de la même prière : Vous avez empêché mon ame de périr, comme en rejetant arrière de vous tous mes péchés, dont un seul auroit suffi à me perdre.

Au lieu que les textes hébreu, chaldaïque et syriaque nous apprennent de quelle manière Dieu s'y est pris pour sauver son ame, en disant de concert : Vous avez retiré mon ame prête à périr loin de vous, puisque, ou parce que vous avez rejeté tous mes péchés loin de moi, derrière votre dos.

On ne jette devant soi que ce qu'on veut retrouver ou reprendre; et derrière ou après soi, on rejette tout ce qu'on rebute, qu'on hait, qu'on déteste, et dont on ne veut plus se souvenir, comme les ordures et les péchés, qui seuls souillent l'homme.

Mais ces expressions, si triviales : Rejeter les péchés derrière le dos, ont ici le plus grand sens; car saint Paul enseigne aux Colossiens que Jésus-Christ (n) attacha à la croix qu'il porta sur son dos, au Calvaire, la cédule du décret divin qui étoit contre nous, tous pécheurs, et qu'il l'effaça dans son sang, en disant ainsi à leur Sauveur : Vous avez rejeté tous mes péchés après votre corps, selon le syriaque, ou derrière vo-

____

(n) Coloss. II, ℣. 14.

tre dos, selon la Vulgate et l'hébreu; car le chaldaïque dit : Loin de votre face; il est évident que le roi Ézéchias et le Duc de Berri auroient voulu dire à l'homme-Dieu, qui les sauva de la perdition par sa passion et sa mort : Vous avez, Seigneur, rejeté tous mes péchés derrière votre dos, alors surtout que vous avez été crucifié le dos contre le bois, sur lequel vous avez expiré de langueur et d'amour, pour le salut de mon âme.

Or, il est de notre foi que, par la vertu des mérites de Jésus-Christ en croix, tous nos péchés nous sont pardonnés au sacrement de pénitence, si, à la confession faite au prêtre, nous joignons la contrition de les avoir commis, et le vœu d'en faire une satisfaction convenable, et unie à celle que Jésus-Christ a déjà faite pour nous (o). Tous les péchés ont donc été remis au Prince, qui les a confessés au prêtre, en général et en particulier. N'a-t-il pas satisfait à Dieu, autant qu'il fut en lui, souffrant et mourant, et pardonnant sa mort avec Jésus-Christ, crucifié avec lui sur sa couche ensanglantée, et précisément dans les mêmes termes? Pardonnez-leur, ô mon père! dit Jésus-Christ priant en croix pour ses bourreaux ; car ils ne savent ce qu'ils font. « Qu'ai-je fait à cet homme » ? dit le Duc de Berri perdant tout son sang. Rien, lui fut-il répondu. « C'est donc un insensé, re- » prit-il. Promettez-moi, mon père, de demander » sa grâce au Roi, il en est bien digne; car il n'a su » ce qu'il faisoit. Pardonnez, ô mon Dieu! à moi et » à celui qui m'a ôté la vie ».

Quant à sa contrition, ce Prince nous en a donné la plus juste mesure dans cet acte parfait, qui la ren-

____

(o) Conc. Trid. sess. xiv.

ferme toute. « Je ne crains pas la mort, dit-il : je ne
» crains que pour mon salut ; mais j'ose espérer dans la
» miséricorde de Dieu ! puisse la manière dont je péris
» désarmer sa colère, et m'obtenir le pardon de mes
» péchés »! Rassurez-vous, Prince très-chrétien, vos
espérances et vos vœux sont ratifiés sur votre demande ;
que craignez-vous, nouvel Hilarion, de la part de Jésus-Christ, dont vous portez sur votre corps les dou-
loureuses stigmates ? La profondeur de votre plaie crie
assez haut vers lui : pardon, grâce, miséricorde. Par-
tez donc de ce monde pour l'autre, ame chrétienne,
sortez avec confiance de cette prison pour aller à
Dieu. Vous avez dit : Je confesserai contre moi mon
injustice au Seigneur ; et par l'organe de son ministre
il vous a répondu : Tous vos péchés vous sont remis,
parce que vous avez beaucoup aimé. Dieu et l'homme.
Dites-lui donc toute une éternité : Soyez béni, Seigneur, de ce que vous avez arraché mon ame à la
perdition, en rejetant tous mes péchés loin de vous.
Pourquoi user ainsi envers moi d'une bonté dont je
m'étois rendu si indigne ? Ah ! c'est sans doute (p).

CHAPITRE XXX.

Quia non infernus confitebitur tibi.
Parce que l'enfer ne confessera point à vous.

Par l'enfer, on entend ceux qui y sont ; et par la
confession à Dieu, la louange, la gloire et l'honneur
qui lui revient de notre retour à lui par la pénitence.
Ainsi l'hébreu dit à Dieu : Vous avez sauvé mon

____

(p) Ps. xxxi, ỹ. 6. — S. Luc.

ame, rejetant tous mes péchés, qui l'auroient perdue, parce que le sépulcre ne confessera point à vous (Dieu des vivans) ; car l'enfer ne vous rendra point grâce, dit le syriaque ; car ceux qui sont en enfer ne vous loueront point, dit le grec ; car ceux qui sont aux enfers ne vous célébreront point, Seigneur, dit l'arabe. De tous ces textes, qui n'ont qu'un seul et même sens, il résulte le dogme catholique que Dieu ne sauve ses élus dans le ciel, qu'afin d'y être glorifié par eux, à la place des anges rebelles qui se sont condamnés à le haïr, le maudire et le craindre ; parce que l'enfer, qui est en eux, ne lui confessera jamais ses torts pour en obtenir le pardon.

Car enfin confesser au Seigneur, en style saint, signifie et suppose ordinairement la confession réelle de nos péchés, de nos erreurs, de nos ignorances, afin d'en obtenir le pardon ; ce qui n'entre pas du tout en l'idée d'un désespoir absolu qu'on doit se former de l'enfer et de tous ceux qui y habitent, tels que Satan et ses anges rebelles, pour lesquels seuls l'enfer a été créé (36).

Or, ces esprits de souveraine malice ont si furieusement offensé Dieu, par l'orgueil qui les fit aspirer à son indépendance, et y persistent encore si opiniâtrement à ne vouloir plus ni s'en séparer ni s'en repentir, ni s'en désister, que Jésus-Christ les accuse formellement, eux et leur chef le diable, de pécher toujours, dès le commencement. Ce qui dit assez qu'ils sont inconvertibles, selon saint Léon, ou incapables de conversion, et que, leur malice étant éternelle, leur supplice sera sans fin : les démons ne confesseront donc jamais à Dieu, qui les punit, que sa justice est aussi infinie que la profondeur de leurs iniquités, qu'ils se sont rendues impardonnables.

Il n'en est pas ainsi des pécheurs que Dieu daigne toucher par sa grâce ; leur première pensée est de commencer à l'aimer comme source de toute justice ; ensuite de repasser en l'amertume de leur ame les ans et les jours qu'ils ont vécu dans l'impiété, et enfin de s'avouer coupables au prêtre devant Dieu, pour le fléchir et en obtenir le pardon, qu'il est toujours prêt à accorder à ceux qui le lui demandent avec les dispositions requises.

Dans la foule des pécheurs les mieux convertis à Dieu, en a-t-on jamais connu un aussi franc et sincère que le duc de Berri, ou de mieux disposé à recevoir la grâce et la faire fructifier au centuple ? Ezéchias, qui fut si docile à la voix du ciel, n'auroit pas mieux correspondu à ses divines inspirations ; et, s'il fût venu à l'esprit de ceux qui l'assistèrent à la mort de lui lire à la lettre tout ce cantique, que de bons sentimens de plus ne lui eût-on pas suggérés ! que de saints désirs n'en auroit-il pas conçus, et que de pieuses réflexions n'eût-il pas faites ! En l'état où il fut qu'auroit-on pu lui dire de mieux ? Personne n'y pensa ; et le prince entra si bien dans l'esprit de cet ancien poème, qu'il sembleroit que l'esprit saint ne l'avoit dicté que pour lui. Qu'auroit-ce donc été si on lui en eût donné l'idée, que sa mort nous a fait naître ? Jusqu'à ce que Dieu l'eût mis avec lui en Paradis, auroit-il cessé de lui dire : Seigneur, souvenez-vous en bien de moi, qui vous confesse tous mes péchés, car l'enfer ne vous fera jamais une pareille confession, dont il est absolument incapable ?

CHAPITRE XXXI.

Neque mors laudabit te.
Ni la mort ne vous louera pas.

Ici l'hébreu et le syriaque s'accordent à dire avec la Vulgate : La mort ne vous louera pas; prenant la mort pour ceux qui ont perdu la vie, et ne sont plus au cas de louer Dieu en ce monde : car le grec et l'arabe disent clairement : Les morts ne vous béniront pas; et, pour qu'on ne pût dire que les justes, bien que morts, louent et bénissent Dieu actuellement dans les cieux, ce qui n'étoit pas avant que Jésus-Christ (37), qui par sa mort leur en a ouvert les portes. Le texte chaldaïque dit encore plus chrétiennement : Les morts qui habitent en enfer ne confésseront pas devant vous. C'est dans ce sens que le Sauveur dit aux Juifs que son Père le Dieu d'Abraham, le Dieu d'Isaac et le Dieu de Jacob, n'étoit pas le Dieu des morts qui ont été ensevelis par les démons dans l'abîme, mais le Dieu des vivans que les anges avoient déjà portés dans le sein d'Abraham, où tous les justes vivent en sa présence ; ces morts ne sont donc que les damnés, qui, éternels ennemis de Dieu qui les hait, ne sauroient plus lui donner louange.

Car, à le bien examiner de près, qu'est-ce que la mort en elle-même ? rien de plus que la privation de la vie ; et conséquemment, à dire vrai, un être de raison, moins qu'une chimère ; un je ne sais quoi qui est appelé la mort. Ce n'est au fond qu'une sorte de néant, qui, n'étant pas censé exister en soi, n'a aucune louange à donner au Dieu créateur, qui ne l'a

pas créée, « puisque, dit le Sage, Dieu ne se réjouit pas
» de la perdition des vivans (q), et il n'a pas fait la mort.
» Ce sont les impies qui l'ont recherchée par leurs
» œuvres et leurs paroles, la croyant leur amie, fai-
» sant pacte avec elle, et se rendant dignes en tout
» d'être de son parti dans le péché »; oui, le péché, qui
n'est aussi qu'une privation de la justice, vie de l'ame.

Qu'on y réfléchisse donc bien sans prévention. Tant
que nous vivons, dit Lactance aux gentils, la mort
n'existe pas encore, et n'est absolument rien du tout,
n'ayant pas même en soi une ombre d'existence, par le
fait ni en idée. Et dès que nous avons expiré, ou rendu
à Dieu le dernier soupir, la mort n'est déjà plus; et, si
on pouvoit dire qu'à tel point elle fût quelque chose,
quand a-t-elle donc existé? jamais, puisque n'étant
qu'une cessation de la vie, une privation de l'être en
nous, et un nom négatif, elle n'offre aucune consis-
tance, Dieu n'ayant droit d'être loué que par ses
créatures; il en résulte qu'il ne peut être loué par
la mort qu'il n'a pas faite.

D'ailleurs, pour être capable de louer Dieu, il
faut avoir suffisamment d'intelligence, afin de connoître ses perfections comme les anges, et assez de
bonne volonté comme les hommes pour lui rendre
gloire; ce que la mort ne pourroit jamais avoir, prise
en son sens naturel de simple privation de la vie.

Le Roi qui s'est servi de cette expression : La
mort ne vous louera pas, et le Prince qui a pu la répéter après lui, n'auroient donc voulu que dire à Dieu :
Nous vous confessons, Seigneur, et vos grandeurs et
nos impiétés, et nous vous bénissons de ce que vous
nous avez préservés de la mort funeste des pécheurs,

____

(q) Sap. 1, ⁊. 13, 16.

qui ne vous loueront plus en ce monde ni en l'autre (38), où les a conduit leur impénitence.

CHAPITRE XXXII.

Non expectabunt qui descendunt in lacum veritatem tuam.
Ils n'attendront pas votre vérité, ceux qui descendent dans le lac.

Il est clair qu'Ezéchias avoit emprunté tous ces beaux sentimens du roi David, son aïeul, chantant à Dieu sur sa harpe : Vous ne serez pas loué, Seigneur, par les morts, ni par tous ceux qui descendent en enfer (r), mais nous qui vivons, nous louons tous le Seigneur dès à présent jusqu'au dernier des siècles.

L'accord des divers textes explique encore mieux ici ce qu'on doit en penser ; ceux qui descendent dans la citerne, dit l'hébreu, n'espèreront pas en votre vérité ; et le chaldaïque : Ils n'espèreront pas votre Sauveur, ceux qui descendent dans le lac de la perdition ; ils n'espèreront pas votre miséricorde, ceux qui sont aux enfers, disent le grec et l'arabe : au lieu que le syriaque dit : Ils ne prêcheront pas votre vérité, ceux qui descendent dans la fosse (infernale). Tous ces sens ne sont-ils pas éminemment vrais ?

Ainsi, en résultat, quel est donc ce lac ? quelle est donc cette vérité de Dieu ? et qui sont ceux qui vont ou qui descendent en enfer, au présent ? la vérité divine est Jésus-Christ même qui dit : Je suis la voie, la vérité et la vie ; et le lac immense de la colère de Dieu est l'étang de feu ardent de souffre, où à la fin des temps seront jetés la mort qui est le péché ;

____

(r) Ps. cxiii, ℣. 13, 26.

l'enfer, où les démons et tous ceux dont les noms ne seront pas trouvés écrits au livre de vie de l'*Agneau-Dieu*, et généralement ceux qui y descendent présentement, sont tous ceux qui meurent dans l'état de péché mortel actuel en l'impénitence finale.

Ceux qui au temps d'Ezéchias descendirent en enfer, furent les soldats assyriens qui périrent par la main d'un ange ; et ceux qui les y ont suivi de nos jours ne seroient-ils pas tous ces impies, morts en guerroyant encore contre Dieu, et se séparant eux-mêmes de son Eglise, notre commune mère ?

Vers le même temps de la mort de ce prince, Londres lança dans l'éternité, par le glaive, tels conjurés qui avouèrent, au pied de l'échafaud, qu'ils étoient l'un déiste, l'autre qu'il ne croyoit point au Rédempteur ; et les autres attestèrent, par leur silence, qu'ils mouroient tous sans religion. Qu'il est donc à craindre qu'ils ne soient aussi descendus dans ce lac, où la vérité de Dieu n'est plus entendue ?

Mais, dans leur nombre, il en est un qui paroît le plus remarquable par son obstination dans le crime. Louvel ne s'applaudit pas seulement d'avoir tué son prince ; il proteste devant ses juges qu'il n'a plus qu'un regret ; celui de n'avoir pas aussi tué le Roi et nos Princes, et tous les royalistes. Est-il condamné à mort ? un gendarme l'exhorte à revenir à Dieu, à lui demander pardon, et à sauver au moins son ame ; point de réponse. Il insiste avec plus de zèle ; il l'invite, il le presse à se convertir enfin. Croyez-vous donc, lui dit alors Louvel, que le duc de Berri soit au ciel ? qui en doute ? reprit le gendarme ; les grands biens qu'il a faits aux pauvres, les instances qu'il a faites pour que le Roi vous fit grâce de la vie, et les pieux sentimens dans lesquels il est mort, ne lui ont-ils pas mérité une place dans les cieux? Eh bien ! répliqua Louvel, si jamais je vais là-haut, je l'y tourmenterai encore.

Qu'on cherche ailleurs qu'en l'ame de Satan l'idée d'une telle scélératesse ; les reprouvés qui la partagent au présent en enfer pourroient-ils donc attendre dans l'avenir la vérité de Dieu, ou le salut par Jésus-Christ, ou espérer en sa miséricorde, ou nous prêcher ses vérités qu'ils n'ont pas crues ? Non, il n'y a plus pour eux de Rédempteur ; et dans l'enfer où ils s'enfoncent toujours davantage, ils n'ont plus de rédemption à attendre de vous, Seigneur, qui les y avez si justement condamnés.

CHAPITRE XXXIII.

Vivens, vivens ipse confitebitur tibi, sicut et ego hodïe.
Le vivant, le vivant confessera à vous, ainsi que je le fais
moi aujourd'hui.

Cette répétition affectée du même mot : Le vivant, le vivant, qui ne se lit aussi qu'en l'hébreu et le chaldaïque, n'exprime-t-il pas ici les plus vifs transports de joie, et une satisfaction complète ? O la bonne nouvelle ! Le voilà, le voilà, votre Dieu, qui vient, dit Isaïe (s) : Venez, venez, Seigneur Jésus, dit saint Jean (t); et Tite, revenu de Syrie à Rome : Me voici, me voici enfin, dit-il à son père (v). Ezéchias, dans ce mouvement du plus bel enthousiasme, n'auroit-il

(s) Is. xl, ℣. 9, 10.
(t) Apoc. xxii, ℣. 17, 20.
(v) Sueton. in Titum.

donc pas dit à Dieu : Je sais que ni l'enfer, ni la mort, ni les réprouvés ne vous loueront pas? Mais le vivant au présent, et le vivant à l'avenir, confesseront à vous, ainsi que je le confesse moi aujourd'hui, qu'envers les pécheurs convertis de cœur, vous êtes plein de miséricorde et la bonté même.

Aussi le syriaque dit : « Ils vous rendront grâce les » vivans, tels que je suis aujourd'hui, moi qui vis » encore (quant au corps, quant à l'ame) ». Le grec » et l'arabe disent également : « Les vivans vous bé- » niront, et vous loueront ainsi que je le fais moi- » même aujourd'hui » : jusque-là tout s'accorde.

Mais qui a inspiré aux Septante et au traducteur arabe ce qui suit, et qui doit nous frapper ici du plus grand étonnement : Les vivans vous béniront et vous loueront comme je le fais? (Attention ici la plus sérieuse). Pour quelle raison les vivans remercieront-ils Dieu? écoutons et admirons, le voici : Car dès aujourd'hui, dit le grec, je vous ferai des enfans qui annonceront votre justice; et l'arabe : Dès ce jour-ci, dans la suite, je dois vous faire des enfans qui prêcheront votre justice (aux autres, la pratiquant eux-mêmes). Ne croit-on pas entendre ici le Prince dire à Dieu ces tendres et consolantes paroles qu'il dit en mourant à son épouse désolée : Ménagez-vous pour l'enfant que vous portez, car les justes qui me survivront béniront Dieu, qui le leur aura donné; parce que lui, et les enfans que j'aurai engendrés à Dieu par lui, annonceront en leurs mœurs, et prêcheront au peuple en leurs paroles toutes les vérités divines?

L'indigne fils d'Ezéchias, Manassès, encore à naître alors que fut écrit ce cantique, n'a-t-il pas été un de ces vivans qui ont dû répéter à Dieu cette bonne confession qu'il lui fit de ses péchés dans les chânes: J'ai péché, Seigneur, j'ai péché, et, je vous en prie, pardonnez-moi, et me sauvez des enfers, que je mérite, et où je descends *(x)*.

Pourquoi le roi Ezéchias, qui si a bien compté d'avance sur la vraie piété de tous les pénitens qui reviendroient sincèrement à Dieu, avec et après lui, n'auroit-il pas aussi désigné par le vivant, et le vivant en Dieu et de Dieu, notre Duc de Berri, ce modèle si parfait de la pénitence chrétienne, *in extremis ?* Qui avant lui a jamais été plus au cas de répéter à Dieu avec une égale confiance : Le vivant, le vivant ; oui tous ceux qui assistent à ma mort et à mes funérailles, tous ceux qui me survivront sur la terre, et tous ceux qui règnent déjà dans le ciel avec vous, Seigneur, tous en chœur confesseront hautement que vous êtes le Père des miséricordes, et le Dieu de toute consolation ; ainsi que je le confesse aujourd'hui avec autant d'humilité que de reconnoissance, devant tous ceux qui m'entourent ?

Se seroit-il trompé ? à l'exception des complices de Louvel, qui se livroient alors en Paris et ailleurs aux barbares excès de la joie la plus féroce, tous les bons François, attendris et édifiés à la nouvelle d'un si beau trépas, ne bénirent-ils pas Dieu des grâces qu'il avoit faites à ce prince, que toute ame bien née honora de ses pleurs ? Hé ! qui ne le regrette encore, au souvenir de ses qualités éminentes ?

Si ce vivant pouvoit être aussi bien son fils que tout autre vivant, ainsi que le fut Manassès ; puisse ce jeune prince Henri confesser aussi l'infinie bonté de Dieu, dès qu'il sera en âge de le faire, et, profitant des leçons paternelles, n'avoir pas besoin des correc-

---

(x) Oraison de Manassès ; II Paral. xxxiii, ℣. 2.

tions de l'adversité pour revenir à Dieu, s'il l'oublioit jamais, comme ce mauvais roi de Judas, qui, dégénérant tout à coup des vertus de celui qui lui donna le jour, ne sut pas profiter de ce vœu qu'il avoit fait à Dieu, de l'élever avec soin en l'amour de ses lois.

CHAPITRE XXXIV.

Pater filiis notam faciet veritatem tuam.
Le père fera connoître à ses fils votre vérité.

Manassès, ayant vécu douze ans avec Ezéchias, dut bien avoir appris d'un père aussi pieux qu'éclairé, et qui 'avoit promis à Dieu de la lui enseigner, sa vérité toute entière. Mais il l'abjura publiquement aussitôt qu'il fut roi, et se pervertit à tels excès qu'il devint le tyran de son peuple, le bourreau des prophètes, et un abominable idolâtre plus scélérat qu'aucun de ses prédécesseurs. Les Assyriens fondirent bientôt sur lui, le chargèrent de chaînes, et le traduisirent en prison à Babylone. La divine vérité que le roi son père avoit jadis semée en son cœur, y germa seulement alors, y produisit les plus dignes fruits de pénitence, et Manassès, ainsi converti au Dieu de ses pères, mérita encore de régner en paix (*y*).

Bien que nous ignorions tous les desseins de Dieu sur Mgr. le Duc de Bordeaux, ne devons-nous pas augurer beaucoup mieux de lui? et, sinon présumer, au moins lui souhaiter de plus heureuses destinées? Les grands exemples de vertus

______

(*y*) Paral. xxxiii, ℣. 11.

qu'il trouvera vivantes en sa maison, et les sublimes leçons de sagesse, de foi et de piété que son père lui a laissées en sa vie, plus encore à sa mort, ne nous sont-elles pas un sûr garant que la vérité de Dieu, ou la religion catholique qu'ont professée tous ses ancêtres, ne lui sera pas inutilement enseignée et qu'elle soit mise sous ses yeux avec toute sa divinité, ses grandeurs et ses charmes? Il n'est pas permis de douter de sa vertu. Cet enfant des prières, le désir et l'espoir de toute la France, ne nous paroît-il pas destiné à faire refleurir, avec la tige des Bourbons, toute la gloire antique de la nation très-chrétienne? Et comme tout ce que le Duc de Berri a dit à ses filles est un héritage précieux qu'elles devront aussi partager avec son fils puîné, leur commun frère, écoutons le très-digne historien de ses dernières heures, et avouons qu'Ezéchias a personnellement désigné le Duc de Berri par ces mêmes paroles qu'il adressa à Dieu qui les lui avoit inspirées : *Le père fera connoître votre vérité*, dit l'hébreu; *votre puissance*, dit le chaldaïque; *votre justice*, disent l'arabe et le grec; *votre foi*, dit le syriaque; et à qui? à ses enfans, *filiis suis*; et c'est à eux surtout que le Prince a prêché sa foi (40).

« Voulant renouveler ces scènes patriarcales
» d'un Jacob bénissant tous ses enfans rassemblés
» autour de son lit, il témoigna le désir de donner
» sa bénédiction à Mademoiselle; elle lui fut aus-
» sitôt apportée. Levant alors une main défaillante
» sur sa fille : Pauvre enfant, lui dit-il, je souhaite
» que tu sois moins malheureuse que ceux de ma
» famille »; (et que moi, crioit sa position.)

« Ensuite, jugeant assez bien de la vertu de son

» épouse pour lui avouer ses torts, il demanda à
» embrasser les deux filles de son exil. Qu'on les
» fasse venir, s'écria la Princesse, ce sont aussi
» mes enfans. Trois quarts d'heures après elles
» arrivèrent, se mirent à genoux en sanglotant
» auprès du lit, les joues baignées de larmes et
» les mains jointes. Le Prince leur adressa quel-
» ques mots tendres en anglois, pour leur annon-
» cer sa fin prochaine, leur ordonna d'aimer Dieu,
» d'être bonnes, et de se souvenir de leur mal-
» heureux père. Il les bénit ensuite, les fit rele-
» ver, les embrassa, et dit à la Duchesse de Berri :
» Serez-vous assez bonne pour prendre soin de ces
» orphelines? La princesse ouvrit alors ses bras,
» où les petites filles se réfugièrent; elle les pressa
» contre son sein, et, leur faisant présenter Ma-
» demoiselle, sa fille, elle leur dit : Embrassez
» votre sœur; ce qu'elles firent. Pauvre Louise!
» s'écria alors le Duc de Berri, s'adressant à la
» plus jeune, vous ne verrez plus votre père ».
En ce bas monde, oui; mais au ciel? au ciel, non.

Ce fut donc alors toute cette vérité de Dieu
qu'un si bon père put alors faire connoître à ses
enfans, leur ordonnant de l'aimer; ce qui renferme toute sa loi et la doctrine des prophètes,
qu'il conclut disant à Dieu et du fond de son ame :

CHAPITRE XXXV.

Domine, salvum me fac,

Seigneur, sauvez-moi.

Le grec et l'arabe ne font ici qu'une même phrase :
« Dès aujourd'hui je vous ferai des enfans qui prê-
» cheront votre justice, ô Dieu de mon salut » ! Le

chaldaïque supposant ce qui est advenu, que les grâces faites à Ezéchias seroient un jour connues de tout le monde, dit à Dieu : « Les pères annonceront votre puissance à leurs enfans, et confesseront à vous que toutes ces choses sont véritables » (ou découlent de votre vérité). Autant en sera-t-il dit et avéré des merveilles que Dieu a opérées sous nos yeux en la mort du Duc de Berri. Que le Seigneur nous délivre (du mal), dit tout simplement le syriaque, changeant ainsi en un pieux souhait cette même prière : sauvez-moi, Seigneur, dans vos plaies où je me cache (41).

Belle conclusion d'un aussi beau cantique ! Après avoir fait connoître Dieu à ses enfans, il lui convenoit bien, en qualité de père, de la mettre en pratique, en demandant le don des dons, la persévérance finale dans le bien à celui qui ne l'accorde ordinairement qu'à la prière. Car jamais notre perte ne vient que de nous, ô Israël! et, quoique nous puissions dire ou faire, notre salut éternel ne peut nous venir que de Dieu seul, qui l'opère avec nous par sa grâce. Aussi le roi de Juda et le Duc de Berri, tout en priant Dieu de les sauver, travaillèrent-ils constamment à se sauver eux-mêmes, en détestant leurs péchés, en coopérant à ses grâces, et faisant tout ce qui dépendoit d'eux pour se le rendre propice. Guérissez-moi, Seigneur, et je serai parfaitement guéri, dut lui dire Ezéchias; sauvez-moi en vous, et je serai pour toujours sauvé, parce que vous êtes vous seul mon salut, et le sujet de toute ma louange, à présent même et dans l'éternité.

Dans le même cas d'une mort plus imminente encore, le Duc de Berri fut visiblement plein du même esprit, qui, par des gémissemens ineffables, demanda pour lui la même grâce du salut et par la même oraison : Seigneur, sauvez-moi de tout mal, de la mort dans le péché, et de moi-même.

C'étoit bien là tirer la juste conséquence de tout ce qu'il avoit déjà dit en soupirant vers Dieu. Après l'avoir remercié de ce qu'il avoit daigné arracher son ame, afin qu'elle ne pérît pas sous le fardeau de ses péchés, qu'en sa passion Jésus rejeta derrière son dos; car, aussitôt après qu'il eut fait connoître la vérité de Dieu à toute sa famille présente et à venir, il ne lui restoit plus qu'à remettre ses sorts et son esprit entre ses mains, lui disant avec autant de ferveur que de confiance : Sauvez-moi, Seigneur, dans le secret de vos plaies, puisque vous m'avez jugé digne d'être percé par le fer en mon corps, et au même endroit où vous reçûtes pour moi le coup de lance. Ne perdez donc pas mon ame avec les impies; séparez-moi, en l'autre vie, des hommes de sang qui m'ont donné la mort; réunissez-moi à l'Eglise des premiers-nés qui sont conscrits aux cieux avec vos anges, qui vont se réjouir de ma réunion à eux.

CHAPITRE XXXVI.

Et psalmos nostros cantabimus cunctis diebus vitæ nostræ in domo Domini.

Et nous chanterons nos pseaumes tous les jours de notre vie, en la maison du Seigneur.

Le Seigneur a dit qu'il nous délivreroit, dit le chaldaïque, et nous chanterons le cantique de sa louange tous les jours que nous vivrons. Que le Seigneur

Seigneur nous délivre donc, afin que nous chantions ses louanges tous les jours de notre vie. Le Seigneur m'a assisté pour me conserver, dit l'hébreu ; c'est pour cela que nous chanterons en cadence des chants harmonieux, tous les jours de notre vie, dans la maison du Seigneur. Ce juste ne demande donc que son salut à Dieu, et promet, en revanche, de s'unir à toute l'Eglise céleste qui l'attend, pour lui en rendre ses actions de grâces en la communion des saints. Aussi les textes grec et arabe lui font-ils dire à son particuculier : Soyez le Dieu de mon salut ; et, sur le psaltérion, ou avec le pseautier, je ne cesserai plus de vous bénir tous les jours de ma vie en présence de la maison de Dieu, quand vous m'y aurez introduit par la main (42).

La conséquence est très-naturelle ici ; le roi Ezéchias ayant reçu du prophète Isaïe, avec sa soudaine guérison, la promesse formelle qu'il monteroit bientôt en la maison du Seigneur pour lui en rendre ses actions de grâces, eut bien raison de faire à Dieu ce vœu, de lui chanter nos pseaumes, dit-il, en son auguste qualité d'héritier du trône, et chef de la famille de David qui les composa à l'usage de toute l'Eglise d'Israël. Aussi est-il écrit, en nos fastes sacrés (z), qu'Ezéchias, une fois rétabli en santé par un miracle, continua à chanter ces divins pseaumes dans le temple de Sion, qui fut la maison du Seigneur alors tout le temps qu'il vécut encore, et qu'il les chanta de concert avec les lévites, et d'accord avec l'accompagnement des cymbales, des psaltérions et des

____

(z) Isaïe. xxxviii, 22.

harpes, selon l'ordonnance de Gad le voyant, de David le roi, de Nathan le prophète, etc., suivant l'ordre du Seigneur (a).

Le Duc de Berri n'eut pas le même avantage de survivre à son vœu de bénir Dieu en ses temples le reste de sa vie. Quel fervent chrétien n'eût-il pas été! mais, entrevoyant déjà les cieux ouverts, et rempli des plus douces espérances de la vie éternelle, dans quels transports du bel amour ne dut-il pas se promettre d'y aller bientôt chanter, avec le roi martyr, et durant toute une éternité, combien les miséricordes du Seigneur sont grandes et infinies! Après avoir dit et assez souvent répété: O mon Dieu! pardonnez-moi mes péchés; ce qui, en notre usage, revient à ces propres paroles : Sauvez-moi, Seigneur! qu'il nous parut déjà savourer un avant-goût des célestes délices; son front devint calme et serein, ses yeux pleins du beau feu de la charité qui brûloit en son ame ; la grâce de Dieu répandue sur ses lèvres, et tout son visage rayonnant de joie, de paix intérieure et de jubilation, il sembloit nous répondre de son salut avec assurance. On auroit dit que tout l'homme avoit déjà disparu en lui, et que son ange gardien s'étoit mis à sa place, tant on le vit alors s'élever, par sa foi, au-dessus de toutes les foiblesses de l'humanité.

La phisionomie angélique de ce Prince mourant, nous a souvent dit M. le curé de Saint-Roch qui l'assista, fit sur moi l'impression la plus vive, et m'offrit, en comparaison de tous ceux qui entou-

____

(aa) II Paral. xxix, 25.

roient son lit, dans la tristesse et les pleurs, le plus frappant de tous les contrastes.

« Ce fut alors qu'ayant prié Dieu à voix basse, » et imploré assez haut la miséricorde de la sainte » Vierge, le Prince expira doucement sans qu'on » s'en aperçût, comme il avoit coutume de s'en- » dormir. Oui, son dernier soupir fut si peu remar- » qué par tous ceux qui observoient de si près ses » moindres mouvemens, qu'alors qu'on présenta à » sa bouche le verre qui couvroit la tabatière du Roi, » la vapeur de la vie ne parut point sur le verre. Le » souffle qu'on cherchoit en vain étoit déjà retourné » à Dieu qui le donna »...

Il faut donc croire pieusement que, s'il ne l'a pu dire de bouche, ce Prince l'a assez dit de cœur à Dieu : Seigneur, sauvez-moi; retirez mon ame de la gêne de la mort, de ce corps qui la détient si loin de vous, afin qu'elle confesse à votre nom qu'il est grand au-dessus de tous les noms ; car tous les justes qui sont auprès de vous m'attendent avec une sainte impatience, jusqu'à ce que vous m'ac-cordiez vos immenses rétributions, couronnant vos dons en mes foibles mérites ; et dès que je serai entré en votre céleste maison pour vous adorer en votre saint temple, nous chanterons tous en-semble, moi, vos anges et les saints, nos psaumes, ces sublimes cantiques qui sont à nous depuis que vous nous les avez donnés à chanter en votre Eglise : cet admirable psautier, que saint Louis, notre aïeul, vous récitoit tous les jours (43), et que votre infinie Providence vient de restituer à notre maison, et de remettre en nos mains. Après les avoir chantés ici-bas en l'assemblée de vos justes, puissions-nous les chanter encore tous les jours de notre vie qui sera éternelle (44) dans la maison du Seigneur, qui est le sanctuaire que vos mains ont bâti, et où je vous prie de me recevoir dès que vous m'en aurez rendu digne.

Courage ! serviteur bon et fidèle, vous êtes exaucé ; entrez donc en la joie de votre Seigneur. Jouissez, grand Prince, de toute la gloire que vous avez si justement méritée devant Dieu et les hommes ; votre foi vous a sauvé. Comment êtes-vous tombé en trahison, vous, héros si puissant à la guerre, plus fort qu'un lion contre les ennemis de l'Etat, et plus prompt que l'aigle pour voler au secours des pauvres ? vous dont le glaive auroit pu protéger nos camps et leur inspirer la valeur, avez-vous pu voir briser et périr, en vos bras, vos armées guerrières ? Vous êtes mort, non comme les lâches ont coutume de mourir ; vos mains n'ont pas été liées, ni vos pieds mis aux entraves par le vainqueur ; mais vous avez péri ainsi que les justes ont coutume de tomber en victime devant les enfans de l'iniquité, pour aller jouir de la présence du Dieu rémunérateur de la justice opprimée en ce monde, à laquelle il destine le royaume céleste, où nous conduise, après le Duc de Bérri et tous les saints qui l'y ont suivi et précédé, le Père, le Fils et le Saint-Esprit. Ainsi soit-il (45).

NOTES.

(1) Quel plus inimitable style que celui de nos saintes Ecritures qui d'un seul mot a pu dire tant et tant de choses qui sont autant de doubles vérités, sans compter les autres sens que Dieu se réserve et qu'il nous cache encore; sens aussi vastes, profonds et infinis que lui? Beaux génies dont s'étaie l'irreligion, efforcez-vous de nous parler un tel langage pour nous dire avec la pompe du ridicule vos petits riens.

(2) En croyant avec l'Eglise que tout ce cantique se rapporte littéralement au roi qui l'a composé, et au juste souffrant et mourant en ce monde, nous pensons aussi que, depuis les soixante siècles de la création, il n'a pas existé un seul homme auquel on puisse l'appliquer aussi naturellement qu'au feu duc de Berri.

(3) Ceux qui nient l'existence de l'enfer en l'autre vie, que l'oppression du juste et le triomphe des méchans en celle-ci ne leur prouvent que trop, sont-ils bien sûrs de ce qu'ils avancent? et si personne n'en est encore revenu pour leur dire qu'il y a un enfer, en connoissent-ils un seul d'entre les morts qui s'en soit échappé pour les assurer que l'enfer n'existe point, comme ils s'en flattent?

(4) Le pieux duc d'Enghien témoigna aussi le même désir à sa dernière heure, d'avoir un prêtre qui l'aidât à monter au ciel, et il lui fut répondu : Il n'y a plus de prêtre; veux-tu donc mourir comme un capucin? Plus heureux à cet égard, le duc de Berri ne demanda qu'un prêtre, et aussitôt il en vit arriver deux à son secours.

(5) L'Eglise prie Dieu de nous préserver de la mort subite et imprévue; c'est donc une grâce spéciale que d'avoir le temps de se reconnoître avant de mourir. Aussi Isaïe dit-il à Ezéchias : Mettez ordre à vos affaires, car vous mourrez de cette maladie; et il est écrit du sacrilége Alcime qu'il n'eut pas le temps de régler les affaires de sa maison, moins encore celles de sa conscience, à la mort.

(6) Benoît XIV, en son fameux livre de la canonisation des saints, enseigne qu'il y auroit lieu de procéder à la béatification de Marie Stuart, dont la vie ne fut pourtant pas sans tache, pour cela seul qu'elle périt en haine de la religion catholique; et Pie VI a formellement déclaré que Louis

XVI ayant purgé ses fautes par la faulx du martyre, *falce martyrii culpam purgavit*, avoit changé une couronne de lis périssables en une couronne de lis immortels. Il a donc suffit que Louvel ait été animé d'une haine antichrétienne contre le Prince, pour en faire un martyr de la foi : ce n'est donc pas la peine qu'on endure, mais la cause pour laquelle on souffre, qui fait les martyrs, dit saint Augustin.

(7) Bien que le duc Berri et nous n'ayons jamais vu qu'un homme en son assassin, il faut néanmoins convenir qu'il y avoit en lui plus que l'homme, un *ultra*, ainsi qu'en Judas ; car il est dit en l'Évangile que Satan entra dans lui, après le morceau de pain, et qu'aussitôt il vendit Jésus-Christ, le trahit, le livra, s'en repentit, le déclara, et alla se pendre. C'est le génie du mal, dit-on, qui a poussé Louvel : soit ; or ce génie, dit Tertullien aux gentils, est le démon même.

(8) Jésus-Christ dit bien que le riche, en ses tourmens, vit Lazare dans le sein d'Abraham qui le consoloit, mais il ne dit pas que Lazare, en son repos, vit le mauvais riche en ses peines. Il se peut donc que les damnés, pour leur plus grand supplice, voient les saints régnans dans les cieux ; mais les saints voient-ils les damnés en enfer, à travers l'immense chaos qui les en sépare.

(9) La nouvelle de la mort de ce prince fit encore mieux connoître tous les bons et les mauvais François, et à Paris, et ailleurs. Car ceux-ci se livrèrent à une joie d'antropophage qui fut mortelle à quelques-uns ; et ceux-là en furent plus consternés qu'aux éclats d'un coup de foudre, quelques-uns même en moururent de douleur ; tant il étoit chéri des uns, craint et redouté des autres ?

(10) Ce fut sur la parole de ce prince mourant, et voyant sa génération presqu'éteinte en lui, que le Roi fit à Dieu ses ardentes prières auxquelles sa cour, Paris et la France entière, unirent leurs vœux pour que cet enfant qui fut l'attente et l'espoir de la nation, nous fût enfin donné ; il ne nous reste donc plus qu'à prier pour sa conservation, et qu'il soit plus heureux que son père et ceux de sa famille.

(11) Quand le duc de Berri, enveloppé du linceul qui lui resta pour toute richesse, fut emporté dans sa tombe, tous les enfans qu'il auróit encore pu donner à la France ne disparurent-ils pas avec lui ? et celui même qu'il nous laissa en espérance n'étoit-il pas encore enveloppé à ses yeux, comme une tente repliée ?

(12) Il y a en ce cantique beaucoup de traits qui conviennent bien mieux au duc de Berri qu'au roi Ezéchias. Une maladie peut bien trancher le fil de nos jours, mais celui qui meurt par le fer ne dit-il pas plus à la lettre : Il m'a coupé en deux, ainsi que le tisserand coupe sa toile, en tranchant tous les fils pour ne plus les renouer.

(13) Ezéchias ne mourut en paix que quinze ans après avoir composé ce cantique ; ce ne fut donc qu'en se transportant en cet avenir, qu'il put ainsi parler à Dieu, au lieu que le Duc de Berri a pu dire de son assassin, en toute vérité : Il m'a coupé ou mis en pièces, à l'heure même que j'ourdissois encore la trame de ma vie, une partie de plaisir ; puisqu'il fut frappé à l'instant qu'il disoit à son épouse : Adieu ; nous nous reverrons bientôt ! Oui, mais dans quel état ! pour ne plus se revoir.

(14) On doit croire pieusement que le roi Ezéchias, qui en toutes ses peines et angoisses recouroit au prophète Isaïe, l'avoit aussi appelé alors en son infirmité ; ainsi le duc de Berri demande un prêtre, et Dieu lui en envoie deux, l'un pour lui rendre la vie de l'ame, l'autre pour le fortifier contre les horreurs de la mort.

(15) Dieu étant le commencement et la fin de toutes choses, ne peut-on pas présumer que ces paroles qui lui sont ici adressées, n'ont d'autre sens que cette humble prière : Puisque vous m'avez créé pour vous, Seigneur, qui êtes le principe et la fin de tout, délivrez-moi de moi-même, et conservez-moi en vous du matin jusqu'au soir, où vous serez ma fin dernière,

(16) Qu'on est édifié et confirmé dans sa foi, quand on voit un si grand Prince, qui n'a jamais rougi de l'Evangile, borner toute sa gloire à mourir en héros chrétien, recourir de luimême aux sacremens de l'Eglise ; suppléer par le désir à ceux qu'il ne peut recevoir, et déclarer solennellement à son siècle incrédule qu'il meurt dans la religion catholique, par le dernier signe de la croix, qu'il forma sur son corps ! A ce seul trait, ne reconnut-on pas un saint du premier ordre ?

(17) Je ne vois pas de possibilité à appliquer aussi naturellement au roi Ezéchias qu'au duc de Berri cet oracle qui ne semble avoir été écrit que pour lui ; d'autant plus que le lion ne lâche jamais prise, qu'il n'ait assouvi sa faim ou sa rage. Un assassin n'est-il pas plus comparable à un lion qui dévore un homme, qu'aucun autre genre de maladies auxquelles nous sommes sujets ?

(18) Ces mêmes paroles, vous me finirez, déjà dites et re-
dites encore ici à Dieu, ne pourroient-elles pas être prises
aussi par une suite des précédentes, en ce sens, qui ne leur
est pas étranger : Seigneur, le mal ou le glaive de l'homme,
tel qu'un lion, m'a brisé et coupé, moi et mes jours. Mais
c'est à vous à finir en moi l'œuvre mortelle qu'il n'a que
commencée ; le mal me tue, mais il n'y a plus que vous qui
avez la clef de l'enfer, de la mort et de la vie ; qui me finirez quand il vous plaira.

(19) A le prendre ici bien au pied de la lettre, il n'y a
peut-être ni animal ni oiseau qui imite si bien les soupirs
ou les cris plaintifs et languissans d'un homme juste, en son
agonie, que le cri ou tendre piaulement du petit de l'hirondelle qui voit ou sent sa mère auprès de son nid ; mais que
de sens mystérieux n'offrent-elles pas ces paroles, je crierai!
et comme cet innocent oiseau. Dieu seul qui l'a écrit pourroit nous le dire, si nous étions capables de l'entendre.

(20) Des personnes, assez instruites d'ailleurs, ont paru se
scandaliser d'une aussi belle prière ; le Prince qui l'a faite à
la sainte Vierge Marie a pourtant parlé en vrai théologien.
Saint Paul dit de Dieu qu'il est père des miséricordes ; et
l'Eglise catholique, qui n'erre pas, ne dit-elle pas à Marie :
Salve : Je vous salue, reine et mère de miséricorde, tournez
vers nous vos yeux miséricordieux. Marie, mère de grâce,
mère de miséricorde, protégez-nous contre Satan, et rece-
vez-nous à l'heure de la mort (en nous faisant miséricorde). C'est-à-dire, en nous l'obtenant de Dieu.

(21) Le défaut de la conjonction *et*, si fréquente en l'Ecriture, annonce ici la conséquence de ce qui vient d'être dit :
ainsi je crierai en gémissant comme le petit de l'hirondelle,
parce que je méditerai comme la colombe sur les maux que
je sens, et sur ceux que je crains. Le cri et la méditation
étant ici simultanés, et produits l'un par l'autre, supposent
donc dans Ezéchias, et dans le Prince, les prières faites avec
réflexion, et dans toute la simplicité de la foi.

(22) Ne diroit-on pas que Vatable, qui trouvoit tous ces
grands sens dans le seul mot hébreu, qui les lui fournit avec
surabondance, pour les appliquer à Ezéchias, avoit, le siècle
dernier, assisté en esprit avec nous à l'agonie du Duc de
Berri, pour en recueillir les sanglots, les soupirs, et jusqu'aux dernières paroles qui lui échappèrent avec le souffle
de la vie? Son *Mussitabam* n'est-il pas plein d'énergie ?

(23) Lever les yeux en haut, jusqu'à les sentir défaillir, ou affoiblir sa vue, ne peut signifier ici que le témoignage d'une plus grande confiance en la bonté de Dieu qu'en toute la force des hommes. Aussi le roi Ezéchias n'est-il pas accusé d'avoir eu en son infirmité, comme le roi Asa, plus de confiance en l'art des médecins, qu'en la vertu du Dieu de ses pères; et le Duc Berri, qui demanda si souvent un prêtre, et jamais un médecin, nous a assez montré lequel de ces deux rois il avoit alors pris pour modèle.

(24) Jésus nous a déclaré que le royaume des cieux, depuis Jean-Baptiste jusqu'à nous, souffre violence, et qu'il n'y a que ceux qui souffrent comme lui, en se faisant une sainte violence contre les passions, qui puissent l'emporter. Ezéchias l'a obtenue, par ce même moyen, la résignation à la volonté de Dieu en ses peines. Pourquoi ne l'auroit-il pas aussi mérité le ciel, ce Prince qui conserva si bien son ame dans la patience, et qui se posséda si constamment jusqu'à sa fin?

(25) Il ne dit pas comme Job : Répondez-moi combien j'ai d'iniquités, et montrez-moi mes péchés, mes délits, mes scélératesses. Job en étoit exempt, ainsi que Dieu nous l'atteste, en déclarant son innocence; mais ici le roi et le Prince ont pu dire à Dieu : Répondez pour moi, qui n'ai plus rien à répondre à vous, qui me corrigez en toute justice; et répondez aussi pour moi à mes calomniateurs.

(26) Ah! si on eût pu recueillir toutes les paroles chrétiennes qui sortirent alors du cœur et de la bouche du Duc de Berri, quel plus beau sujet d'édification n'y aurions-nous pas trouvé! et quels argumens contre l'épidémie actuelle de l'indifférence des cultes, et tous les sophismes surannés de la plus sotte irréligion, qui assimile l'homme à la bête!

(27) En disant ici que Dieu a fait au Prince tout le mal qu'il a reçu, il ne faudroit pas croire, en blasphémant, que son assassin n'a agi que par l'impulsion divine, en faisant ce qu'il appela sa commission. A Dieu ne plaise! Satan lui a demandé et en a obtenu le pouvoir de tuer le Prince; aussitôt il a poussé le bras de l'homme qui, ayant déjà saisi le fer, n'attendoit plus que son impulsion; ainsi Dieu n'a permis le coup de mort que pour retirer à soi l'ame du Prince.

(28) Tous nos saints Pères ont entendu ces belles paroles de la confession de nos péchés à faire à Dieu et à son ministre; aussi bien des gens disent-ils : Je me confesse à Dieu, et non aux prêtres, qui ne sont que des hommes; et si c'est à

ces hommes que Dieu nous renvoie pour la rémission de nos péchés, pouvons nous nous récuser leur ministère? Que diroit-on de celui qui ne voudroit payer ses impôts qu'au Roi seul, et non aux receveurs que le Roi a établis? ne courroit-il aucun risque d'y être contraint par corps?

(29) Ces humbles doléances que nous pouvons tous faire à Dieu, sur les misères inséparables de la vie présente, ne sont-elles pas plus énergiques en la bouche d'un malade rongé par un ulcère, surtout d'un jeune Prince atteint par le fer homicide, au milieu de tous les agrémens de la vie, au sein des plaisirs? n'est-il pas plus fondé à dire à Dieu en sa conversion à lui : Seigneur! si c'est ainsi que l'ont vit ici-bas, n'est-il pas mieux pour moi de mourir que de vivre plus long-temps en cette triste vallée de larmes?

(30) Qu'on le considère bien devant Dieu ; toute la vie de l'homme est dans son esprit. Que le corps, en effet, soit bien nourri, bien vêtu, bien logé, et traité avec toute la délicatesse et la magnificence possibles; si l'esprit s'afflige, languit, souffre, la vie nous devient à charge, on cherche à s'en défaire, et on mettra son bonheur en sa propre destruction : ce qui n'a pas lieu dans les bêtes les plus féroces, parce qu'elles ignorent la vie de l'esprit qu'elles n'ont pas. Tout suicide a donc perdu l'esprit, ou du moins la vie intérieure dont notre esprit se repaît en Dieu, qui le sustente.

(31) On frissonne à la seule idée que Dieu ait pu se servir de la scélératesse d'un Louvel, pour corriger les imperfections et les défauts d'un aussi religieux Prince. « Et pourtant, dit Tertullien, Dieu ne se servit-il pas de la malice du démon pour éprouver Job? pour corriger le Corinthien? pour purger l'aire de son Eglise »? « Un bon père, dit saint Augustin, ne se sert-il pas d'un méchant esclave pour châtier son fils qu'il veut corriger de ses fautes » ?

(32) On sent bien qu'il ne s'agit ici que de la vie de l'ame; car vivifier, ou rendre à la vie, ne peut s'entendre que de celui qui seroit déjà mort; et comment corriger un mort dans le dessein de lui rendre la vie, si ce n'est en affligeant sa chair, vivante encore, afin de vivifier par ces afflictions l'ame déjà morte en son péché?

(33) L'amertume très-amère est ici un de ces pléonasmes si sublimes en hébreu, et qui choquent en notre langue ; mais, quand on sait que cette amertume si amère n'est qu'un état pénible, et plus cruel que tel autre en comparaison, on n'est

plus surpris d'entendre dire à ces deux Princes, réduits à la plus dure condition : Se peut-il que je sois plus malheureux en ce temps de paix, qu'en toutes les guerres passées ?

(34) Il paroît évident que le roi Ezéchias et le Duc de Berri ne tenoient plus à la vie du corps qu'ils alloient perdre, l'un avec son sang, l'autre en sa maladie, puisqu'au lieu de prier Dieu qu'il la leur prolonge, ils le remercient d'avance de la leur avoir abrégée, en arrachant ainsi leur ame de leur corps de péché; pourquoi? afin qu'elle ne pérît pas en enfer éternellement.

(35) Ce seroit, (quelle erreur)! de croire que Dieu, qui n'est qu'un pur esprit, ait un dos et des membres comme nous. Ce n'est donc qu'une figure qui nous donne mieux à entendre qu'en nous remettant tous nos péchés, Dieu est censé les rejeter en arrière, ainsi que nous rejetons derrière nous ce qui nous déplaît, ce que nous ne voulons plus voir, ce dont nous repoussons le souvenir ou l'idée.

(36) Job dit que l'enfer est une terre ténébreuse couverte du brouillard de la mort, où il n'y a que misère et désordre, et où habitent des éternelles horreurs. Saint Jean ne l'appelle jamais qu'un étang de feu ardent, de soufre, et un lieu de tourmens dont la fumée monte dans les siècles des siècles; et Jésus-Christ nomme l'enfer une geenne de feu, où il n'y a que pleurs et grincemens de dents. Fiez-vous donc à l'incrédule qui attend d'être en enfer pour y croire.

(37) Par sa bulle, reçue sans réclamation de toute l'Eglise catholique, le pape Benoît XI a dogmatiquement déclaré que les ames justes vont jouir au ciel de la présence de Dieu, et que les ames injustes descendent aux enfers pour y souffrir avec les démons, à l'instant même de la séparation de leur corps, en attendant le dernier jugement, qui fixera notre bonheur ou notre malheur éternel, en corps et en ame; ceux qui, à la mort, s'attendent à être anéantis, errent donc bien, ignorant les Ecritures.

(38) Nos pères ont cru et enseigné qu'il y a deux enfers; l'un qui fut créé pour Satan et ses anges, l'autre qui dut recevoir les ames des justes, pour y attendre Jésus-Christ qui y descendit après sa mort, pour les en retirer et les conduire au ciel : ceux-ci y attendoient donc alors la vérité de Dieu qui les en délivra; au lieu que ceux qui brûloient dans l'autre grand lac de la colère de Dieu, sont tous les impies

morts avant et après Ezéchias, qui haïssent encore la Vérité incréée, dont le poids immense les accable.

(39) Je le demande ici à tous ceux qui savent la multitude
de sens qu'enferme un mot de nos Ecritures : ne pourroit-il
pas se faire que ce vivant, oui, ce vivant qui a dû confesser
à Dieu combien il est grand alors qu'il ôte la vie aux
plus grands princes ! et combien il est terrible auprès des
rois de la terre, fût Louis XVIII qui, présent à la mort du
Duc de Berri, lui a survécu, et vit encore. Ce qui me le
persuade, c'est qu'il a fait solennellement, et en propres termes, cette même confession à faire à Dieu, lorsqu'il a dit
à tout son peuple : « Parvenus au terme d'une année mar-
» quée d'abord par les plus douloureux événemens ; d'une
» année si féconde depuis en consolations et en espérances ;
» nous devons, avant tout, rendre grâce à la Providence de
» ses nouveaux bienfaits, etc. » (Séance royale du 19 décembre 1820.)

(40) Il n'est pas dit ici qu'un père enseignera à ses enfans
les beaux arts, les hautes sciences, ni les usages, les règles
et les maximes du monde ; on peut se passer de tout cela,
quand on connoît bien la vérité, qu'on la sert de tout son
cœur, et qu'on l'aime de toute son ame. « Craindre Dieu et
observer ses commandemens, dit Salomon, est tout l'homme ;
sans cela, le tout n'est rien ».

(41) Il ne s'agit point ici du salut qui est la santé du corps ;
mais bien du salut éternel de l'ame. Ezéchias étoit trop pieux
pour lui supposer d'autre pensée, et le Duc de Berri, laissant tout le soin de son corps à ses médecins, s'occupa-t-il
d'autre chose que de son salut éternel, tout en disant et ré-
pétant à Dieu : Seigneur, sauvez-moi ?

(42) Saint Louis, mourant de la contagion à Tunis, étendu
sur la cendre, et couvert du cilice, ne dit-il pas ces paroles
du psaume : J'entrerai en votre maison, Seigneur, j'ado-
rerai en votre saint temple, et je confesserai à votre nom ?
Pourquoi le Prince, héritier du sang et de l'esprit de saint
Louis, n'auroit-il pas fait la même prière ?

(43) Dieu a permis que ce même livre des psaumes, ou
psautier, dont se servoit saint Louis, emporté de sa maison
par le tourbillon révolutionnaire, jusqu'au fond des déserts
de la Russie, en soit revenu tout récemment, et qu'il ait été
rendu au Roi par un prince russe, Galitzin, qui, l'ayant gardé

jusqu'alors comme un dépôt précieux, a cru devoir le lui restituer.

(44) David dit en ses psaumes : « Je chanterai éternellement les miséricordes du Seigneur ». Or, tous les psaumes, sans exception d'aucun, ne sont que des poèmes à la louange de la miséricorde divine ; donc tous les anges et les saints qui règnent avec Dieu dans le ciel, lui chantent, sinon les paroles, au moins tous les sens que la plus pure charité a renfermés dans les CENT CINQUANTE psaumes que la synagogue nous a transmis.

(45) Ce cantique funéraire du roi Ezéchias, *Ego dixi*, se lit à Rome, à Paris, et dans toutes les églises catholiques du monde, en l'office canonial du mardi, et en tous les offices des morts, à laudes. Puissent donc tous ceux qui le liront et le réciteront désormais, surtout au jour anniversaire de la mort du Duc de Berri, se souvenir de lui, bien entrer dans son sens, et, en la componction du cœur, s'en approprier toutes les paroles !

Note de l'imprimeur. L'auteur nous a été particulièrement recommandé par M. le vicomte de Châteaubriand.

Autre ouvrage à publier par le même auteur.

Le Christianisme en action, considéré sous ses vrais points de vue, en trente conférences.

1. Sa *nécessité* pour nous apprendre la vérité en corrigeant nos erreurs.

2. Pour nous former à la vertu en captivant nos passions.

3. Sa *vérité*. On ne peut l'attaquer que par le mensonge.

4. Jamais le mensonge ne peut la subjuguer.

5. Sa *divinité* prouvée par les oracles qui l'avoient promis au monde.

6. Et par les prodiges avec lesquels le monde l'a reçu.

7. Son *établissement* par les moyens les moins propres à l'établir.

8. Et par les moyens les plus propres à l'y détruire s'il y eût été établi.

9. Son caractère est l'unité.

10. Son autre caractère est la catholicité.

11. Sa *sainteté* est supérieure à toute la justice de l'homme.

12. Et tend jusqu'à imiter la sainteté de Dieu.

13. Son *excellence*. Il est sublime dans ses mystères.

14. Il est parfait dans ses lois.

15. Son *autorité*. Plus que terrible dans ses menaces.

16. Plus que magnifique dans ses promesses.

17. Ses *délices*. Les plus pures que nous puissions goûter.

18. Et les plus capables de nous satisfaire.

19. Sa *dignité*. Il est digne de Dieu qu'il honore.

20. Et digne de l'homme qu'il ennoblit.

21. Sa *majesté* éclate dans son culte.

22. Et dans son enseignement.

23. Son *ministère*. Ses ministres sont comme nos anges éclairés.

24. Et même comme nos divinités visibles.

25. Son *apologie*. On ne le hait que parce qu'on ne le connoît pas.

26. Ou parce qu'on ne veut pas le connoître.

27. L'ennemi de la religion est le pécheur dont le crime est de contrarier Dieu en se cherchant soi-même.

28. Et la peine du pécheur que Dieu contrarie, est de s'être trouvé.

29. Le protecteur-né du Christianisme, en France, est le Roi très-chrétien ; or le Roi est établi de Dieu : *à Deo constitutus*.

30. Et le Roi n'est inférieur qu'à Dieu seul : *solo Deo minor est*. (Tertullien.)

PARIS,

De l'Imprimerie d'Adrien LE CLERE, quai des Augustins, no. 35.

www.ingramcontent.com/pod-product-compliance
Lightning Source LLC
Chambersburg PA
CBHW071455030726
47593CB00003B/1022